W0410296

Dr. Hadi Saleh

Mission Gesundheit

Mit Köpfchen gesund alt werden

ueberreuter

Inhalt

Eine Wette auf die Zukunft:
Meinen Kindern, Enkeln und Urenkeln gewidmet.

In meinem Fitness-Studio in Tokio hängt ein Plakat:

„Muskeln sind schwer zu bekommen, aber leicht zu verlieren.
Fett ist leicht zu bekommen, aber schwer zu verlieren."

Haruki Murakami – *Wovon ich rede, wenn ich vom Laufen rede*

Der Abend vor dem Tag X

Der Abend verlief harmonisch. Freunde waren bei uns in Berlin zu Besuch, wir saßen zusammen, haben gegessen und getrunken. Das große Thema war unser Aufenthalt in den USA, immerhin drei Jahre im Mittleren Westen, in Warsaw, Indiana, lange genug, um sich an den dortigen Lebensstil zu gewöhnen. Meine Frau hatte daher ein amerikanisches Buffet vorbereitet, gegrillte Burger, Pattys aus Rinderhack, knuspriger Bacon, dazu Käsescheiben, Tomaten, Gurken, Zwiebeln und Salat, und jeder konnte sich mit Mayonnaise, Ketchup und Senf seinen Lieblingsburger selbst zusammenstellen. Außerdem standen neben Bagels und Sandwiches noch Chicken Wings und Würstchen für Hot Dogs bereit, die sich mit sauer eingelegten Gurken und Paprika zu einer Luxusvariante ausbauen ließen. Ich hatte eine Bezugsquelle für amerikanisches Bier aufgetan, Softdrinks waren ohnehin um die Ecke erhältlich und für die, die es zu schätzen wussten, servierte ich kalifornischen Weiß- oder Rotwein aus dem Nappa Valley, ziemlich alkoholreiche Wuchter, aber eben auch ziemlich lecker.

Ich schaute mich um, alle Gäste waren versorgt, die Gespräche lebhaft – die Stimmung war gut. Ein wenig müde von den aufwendigen Vorbereitungen, aber doch auch erleichtert über den guten Verlauf, ging ich hinaus auf die Terrasse, die noch leer geblieben war, und setzte mich. Zweifellos war heute ein besonderer Tag und jetzt, wo ich meine Freundinnen und Freunde um mich hatte, kam mir zu Bewusstsein, wie sich mein Lebensweg bis hierher gerundet und alles gut gefügt hatte.

Man kann in der Vergangenheit nichts mehr anders machen, aber ich neige dazu, zurückzuschauen und mich zu fragen, ob alles gut und richtig war. Es hilft für alles Künftige. In diesem kurzen besinnlichen Moment wurde mir klar: Außer Familie und Beruf hatte bei mir im zurückliegenden Jahrzehnt so gut wie nichts stattgefunden. Fehlte mir etwas?

„Hadi!"

Drinnen war es lebhaft geworden. Man rief nach mir. Ich stand auf und ging zu unserem Fest und meinen Freunden zurück.

Der Morgen am Tag X

Anderntags stand ich morgens früh um sechs Uhr im Bad. Ich musste nach Plochingen, der Beruf kennt keine Gnade. Mächtig über die Stränge zu schlagen, ist mir nicht gegeben, trotzdem war ich alles andere als fit: zu lange aufgeblieben, Wein getrunken und dann der übliche Psychokater, weil ich mich im Kümmern, Tun und Reden emotional verausgabt hatte. Alles war harmonisch und herzlich gewesen, aber ohne ein paar Spitzen war es natürlich nicht abgegangen. Die amerikanischen Jahre hätten bei mir gut angeschlagen, offenbar hätte ich einen Hang zum Wohlleben entwickelt, meinte eine langjährige Freundin und fügte an: „Es sei dir gegönnt!" Gestern hatte ich das an mir abperlen lassen und gelacht, aber an diesem Morgen stellte ich fest, dass die Bemerkung doch ätzte. Zumal sie von einer Frau gekommen war. Dazu fiel mir ein, auch meine Frau hatte mich neulich schon einmal in die Hüften gekniffen: Da war eine Wölbung über dem Hosenbund, die ich früher nicht gekannt hatte.

Vollkommen befangen in diesem frühmorgendlichen Stimmungstief musterte ich mich im Spiegel. Mich einen Moppel zu nennen, wäre allzu selbstquälerisch gewesen, aber ein konturierter Körper mit Muskelprofil sah anders aus. Gnadenloser Systemcheck: Hamsterbäckchen, weiche Arme, vorne das obligatorische Bäuchlein, flaschenartige Beine und alles ohne sichtbare Muskulatur. Woher denn auch? Ich war ständig auf Achse, einchecken, auschecken, ob Flugzeug oder Hotel, Besprechungen, Stress und dabei begleitete mich der ständige Wunsch nach Belohnung, Hunger eben auf irgendetwas Schnelles, Gutes, rasch einen Burger, eine Pizza oder einen Hotdog auf die Faust und danach einen Schokoriegel. Das alles hat mir wenig ausgemacht. Wer jung ist, hat körperliche Reserven und es dauert, bis sich ein solcher Lebensstil an der Figur bemerkbar macht. Aber keine Frage, der Lebens- und Ernährungsstil in den USA ist natürlich der Killer jeder schlanken Linie: stark fetthaltige Nahrung, Pommes frites, auch sonst viel aus der Fritteuse. Der Klassiker war der Donut, viel Hefe, reichlich Zucker und leere Kohlenhydrate. Ab und zu mal ein Salat, gern mit Mayonnaise-Dressing. Und zu jedem Essen eine Tüte Chips und eine Cola, viel Salz, viel Durst. Wer möchte schon leiden?

Aus Hadis Bibliothek

Mark Hyman: Young Forever. The Secrets to Living Your Longest, Healthiest Life. Yellow Kite 2023.

Hyman erklärt in einfacher und gut verständlicher Sprache, warum das Altern als Krankheit angesehen werden sollte, und gibt praktische, detaillierte Ratschläge zu Bewegung, Ernährung, Schlaf und geistiger Gesundheit. Ein gutes Buch, das umfassend zum Thema Langlebigkeit informiert und tiefer in den Bereich Ernährung einsteigt.

Hyman bezeichnet Zucker und Stärke als den stärksten Faktor für die Alterung. So viel zu meinen Donuts! Zucker schädigt unsere DNA, Proteine, unser Epigenom, unsere Mitochondrien und unser Mikrobiom. Zucker und Stärke beschleunigen zudem Entzündungen und verursachen ein hormonelles Chaos, das unsere Stammzellen altern lässt. Seine dringende Empfehlung ist, Zucker und Stärke möglichst zu eliminieren oder nur gelegentlich zu verwenden. Natürlich konnte mich dieser Hinweis aus 2023 während meiner Jahre in den USA noch nicht erreichen. Ich wäre ihm damals bestimmt auch nicht gefolgt.

In Deutschland wurde die ganze Verheerung meines Körpers sichtbar, denn hierzulande trägt der Geschäftsmann Anzüge. In den USA gab es dieses Thema nicht, man blieb leger, die Jeans waren allerdings ein paar Größen weiter, das lag aber nur an den amerikanischen Konfektionsgrößen. Oder? Nein! Hier in Deutschland verfügte ich über einen Schrank voller Lieblingsanzüge, jedoch waren alle unbrauchbar. Da kam ich noch nicht einmal mehr mit dem Schuhlöffel hinein.

Was soll's? Ich war jetzt 42 Jahre alt. Okay, hier spricht der Arzt: Der Mensch befindet sich zwischen dem 20. und 30. Lebensjahr auf seinem körperlichen Höhepunkt. Die Natur stattet ihn reichlich aus, alles geschenkt: viel Muskelmasse, kräftige Knochen und ein Spitzen-Stoffwechsel. Und die Natur ist großzügig, denn der junge, halbwegs aktive Mensch kann ordentlich in sich hineinstopfen, jede Sünde scheint sich zu verflüchtigen, da bleibt körperlich nichts hängen. Zwischen 30 und 50 Jahren wird es kritisch. Muskeln und Knochendichte nehmen ab, der Stoffwechsel wird zurückgefahren. Spätestens im mittleren Erwachsenenalter macht der Mensch Bekanntschaft mit dem Körperfett. Dem Mann gehen die Haare aus, er bekommt einen dicken Katerkopf und ein Bäuchlein und aus dem strahlenden jugendlichen Helden wird ein gutmütig-gemütlicher Familienvater. Von da an geht es rapide bergab, ab 70 ist man auf verlorenem Posten, es sei denn, man hält dagegen.

Ich fixierte mich noch einmal im Spiegel. Nein, so mochte ich mich nicht! Natürlich ist es so gut wie ausgeschlossen, beim Blick in den Spiegel ein objektives Bild zu erhalten. Wir sehen uns ein Leben lang darin, die Bilder verschwinden nicht einfach, sie bleiben haften, überlagern sich. Auch der Greis erkennt noch, was er als Jugendlicher dargestellt hat, selbst wenn er die verbliebenen Haare über die Glatze drapieren muss. Aber heute war eine Schneise in diesen Selbstbetrug geschlagen. „Das sieht scheiße aus", sagte ich zu mir. Nein, schlimmer: „Ich sehe scheiße aus!"

Als junger Mann bin ich sehr sportlich gewesen, habe Fußball, Tennis und später American Football gespielt. Ein sehr körperlicher, robuster Sport. Wir wurden in unserer Altersklasse deutscher Vizemeister. Ich war immer fit wie ein Turnschuh, rannte überall hin, hinauf und hinunter, und jetzt schaffte ich nicht einmal mehr zwei Stockwerke, ohne zu keuchen. Meine jugendliche Substanz hatte ich aufgezehrt.

Der Trotz sagt zu dem Gegenüber im Spiegel: „Hau ab, das bin ich nicht!" Einsicht beginnt aber nur mit: „Das muss anders werden!"

U-Turn

Ziemlich angeschlagen saß ich im Zug nach Stuttgart und versuchte, meine gute und meine schlechte Seite miteinander ins Gespräch zu bringen.

Die Jugend muss verschwendet werden. Das macht sie so schön, so schmerzhaft und so intensiv. Was bleibt denn vom Leben übrig, wenn wir es wie ein paar Groschen auf dem Sparbuch verwalten? Alles mit Maß und Ziel, immer schön in der langweiligen Mitte bleiben, keine Ausschläge nach oben oder unten. Natürlich wird man damit alt, aber wozu? Wer sich nie dem brausenden Leben ausgesetzt hat, wäre besser gar nicht erst geboren worden. Sterben müssen wir alle, aber wenn es so weit ist, hilft es ungemein, ein paar zackige Runden gedreht zu haben. Dann kannst du zufrieden die Augen schließen.

Hm?

Jeder haut in seiner Jugend über die Schnur. Die Gesundheit ist robust, der Körper widerstandsfähig und die Natur geduldig. Sie hat aber kein Mitleid mit einem zahnlosen Greis, der seiner Abberufung entgegenhumpelt. Jede Lebensphase stellt ihre eigenen Aufgaben, Erleben-Können ist ein Privileg der Jugend, wenn dich das Leben bereits gezeichnet hat und du immer noch glaubst, deine frühere Rolle weiter spielen zu müssen, bist du ein lächerlicher alter Kerl. An den Krankheiten und Einschränkungen, die ein gedankenloser Lebensstil mit sich bringt, gibt es nichts zu romantisieren. Wer in schlechter Verfassung ist, der leidet und ist für keinen Spaß zu haben, den ein tolles Leben mit sich bringen könnte. Wer aus dem Vollen schöpfen möchte, braucht Reserven, und die werden ihm ab 30 nicht mehr geschenkt. Die Natur gibt allen eine Chance, zumindest bis 30, dann könntest du Nachkommen gezeugt und somit den biologischen Sinn deines Lebens erfüllt haben. Das Ziel der Natur ist die Erhaltung der Art und nicht die Pflege einzelner lebenstoller Exemplare. Wenn man erst seinen physischen Höhepunkt überschritten hat, ist man ganz allein für sich verantwortlich. Und schlicht gesagt ist es doch so: Ohne Gesundheit ist ein gutes und glückliches Leben nicht denkbar.

Der Gedanke an das Ende sollte dabei nicht verdrängt werden, im Gegenteil! Es hilft, in dem Bewusstsein zu leben, dass wir einmal sterben werden. Als Arzt wusste ich das ohnehin, es war einmal mein tägliches Geschäft. Unbegrenztes Leben ist nicht der evolutionäre Plan. Nehmen wir kurz einmal an, es wäre doch so. Wir trinken aus dem Brunnen ewiger Jugend und der Tod ist für immer verschwunden. Wünschenswert? So sitze ich dann da, blicke hinaus auf ein weites Feld, dahinter ein Wald und denke, ich könnte doch spazieren gehen. Kann ich, ich habe ja alle Zeit der Welt, heute, morgen, übermorgen oder erst in zehn Jahren. Eine unbegrenzte Lebensspanne vorausgesetzt, werde ich irgendwann alles bereits einmal erlebt haben. Ich wäre in einer Wiederholungsschleife gefangen, die nicht nur einen Tag umfasst, wie im Film *Und täglich grüßt das Murmeltier* mit Bill Murray, sondern Jahre und Jahrzehnte. Alles schon dagewesen. Deshalb würde es sich nicht lohnen, aufzustehen und den Spaziergang anzutreten. Wir hätten zwar keine Angst mehr vor dem Tod, aber auch keine Lust mehr, das Leben zu genießen und unsere Möglichkeiten auszuschöpfen. Gerade weil wir nur eine begrenzte Zeitspanne zur Verfügung haben, ist uns das Geschenk gemacht, ein erfülltes Leben zu führen. Allerdings müssen wir uns in die Lage versetzen, unsere Zeit zu nutzen, den Moment und alles darüber hinaus wertzuschätzen.

Den Zeitpunkt unseres Abtretens kennen wir nicht. So steht es schon in der Bibel: „Von dem Tage aber und von der Stunde weiß niemand, auch die Engel im Himmel nicht, auch der Sohn nicht, sondern allein der Vater.“ (Matthäus 24, 36) Dem ins Auge zu sehen, muss keine Furcht auslösen, es ist vielmehr – richtig angewendet – eine Anleitung zum glücklichen Leben. Falsch wäre der Versuch, möglichst viel in möglichst kurzer Zeit zu erleben, um die verfügbare Zeit ausgekostet zu haben. Diese Art von Unruhe wird uns ständig weitertreiben, ohne dass wir die Zufriedenheit in einem „Wie schön, das war's!“ erreichen können. Die andere Strategie, den Kopf in den Sand zu stecken, verfängt ebenfalls nicht. Die Angst, die wir verdrängen, holt uns spätestens im Alter ein. Wichtig ist, alle Aufgaben, die uns gestellt sind, so gut wie möglich zu erledigen, und allen Erfahrungen, denen wir ausgesetzt sind, angemessen zu begegnen. Außerdem müssen wir wählerisch bleiben und nur solche Wege gehen, die, auch unter dem Blickwinkel des Todes betrachtet, standhalten. Martin Heidegger hat 1927 in *Sein und Zeit* ausgeführt, dass das menschliche Dasein die Bestimmung mit sich bringt, unsere Existenz zu verstehen und durch einen Sinn zu rechtfertigen. Natürlich kann man diese Wegweisung auch verfehlen und „uneigentlich" leben.

Wichtig ist das ernsthafte Bemühen. Auch wenn es nur eine Winzigkeit ist, aber die Welt soll durch mich ein Stück weit besser werden. Dabei zählen auch der kleinste Beitrag und eine realistische Einschätzung, welche Hebel wir tatsächlich betätigen können. Was uns nicht in die Hand gegeben ist, damit müssen wir leben. Unser Augenmerk muss dem gelten, was wir gestalten und verändern können. Dazu gehört natürlich auch unsere körperliche Ausstattung. Was uns mitgegeben ist, müssen wir ebenso achtsam pflegen und erweitern wie alles andere sonst auch.

Wozu aber das Ganze? Gibt es überhaupt einen Sinn? In Douglas Adams' Roman *Per Anhalter durch die Galaxis* errechnet der Supercomputer Deep Thought als Antwort auf die Frage nach „dem Leben, dem Universum und dem ganzen Rest" die Zahl 42. Das mag stimmen – wenn wir wüssten, was damit gemeint ist. Mehr Klartext würde uns helfen. Der österreichische Psychiater und Neurologe Viktor Frankl hatte auf die Frage nach dem Sinn ein paar nachdenkenswerte Antworten. Vorausgeschickt sei, dass Frankl dabei eine besondere Autorität genießt, nicht so sehr, weil er die Psychoanalyse neu erfunden hat, vielmehr, weil er seine Theorien durch sein eigenes Leben beglaubigt hat. Frankl war zu Zeiten des Nationalsozialismus im Konzentrationslager interniert. Dennoch lautete nach dem Krieg einer seiner Kerngedanken, dass der Mensch zwar in Situationen geraten kann, in denen er sein eigenes Schicksal nicht mehr in der Hand hat, dass er aber auch in den schwierigsten – und in seinem Fall: unmenschlichsten – Lagen immer die Freiheit hat, seine Haltung dazu zu bestimmen und eine positive Einstellung zu bewahren. Heute spricht man vielfach von „Resilienz" und meint damit, dass eine stabile Persönlichkeit die Möglichkeit besitzt, nicht nur Stress, sondern auch tiefe Krisen zu bewältigen. Der Mensch, so Frankl, kann sich frei entscheiden und besitzt daher die Gabe, sich und seinem Leben einen Sinn zu verschaffen. Dieser Sinn ist nicht für alle derselbe, er ist immer ein individuelles Resultat menschlichen Bemühens und muss als den jeweiligen Umständen angemessen empfunden werden. Diese Sinnstiftung gelingt, wenn wir in der Lage sind, unseren persönlichen Werten Geltung zu verschaffen: Liebe, Kreativität oder sonst eine Aufgabe, die uns Mut und Verantwortung abverlangt. Es liegt im Charakter dieser wie auch sonst aller Werte, dass sie soziale Tugenden sind, die wir anstreben. Ein Mensch, der ganz für sich allein ist, bräuchte dergleichen nicht.

Aus Hadis Bibliothek

Viktor Frankl: Wer Sinn sucht, findet Heilung. Vorträge und Gespräche 1956–1994. SWR Edition 2018.

Man kann natürlich Bücher von oder über Viktor Frankl lesen. Die Stimme, der Gesprächsduktus und die Art zu formulieren machen jedoch Tondokumente zu etwas Besonderem. Frankl führt in sechs Originalbeiträgen seine Erfahrungen und therapeutischen Konsequenzen aus. Frankl, so heißt es hier, nennt drei Wege zu einem erfüllten Leben: ein Werk schaffen, jemandem in Liebe verbunden sein und Leiden bewältigen.

Mein eigenes Bemühen kann ich so zusammenfassen: Ich möchte gesund bleiben und ein harmonisches Körpergefühl erlangen, um auf dieser Grundlage alt werden zu können. Warum ich das anstrebe, verdeutlicht das folgende Erlebnis, das mich sehr geprägt hat: Meine Eltern hatten eine weit verzweigte Verwandtschaft in Ägypten zurückgelassen. Viele Cousinen und Cousins, jede Menge Tanten und Onkel. Mein Vater war der Erstgeborene von zwölf Geschwistern.

Zwei sind schon früh gestorben, die neun Geschwister habe ich selbst noch kennengelernt. Logischerweise haben auch die geheiratet und Kinder bekommen. Mein Verwandtenkreis würde einen Saal füllen. Und damals, als ich noch klein war, mussten die alle besucht werden, was durchaus mühsam war. Das galt aber nicht für meinen Großvater, auf den ich mich immer gefreut habe. Leider habe ich ihn früh verloren. Ich war zwölf, wir waren gerade angekommen, ich stürmte in die Wohnung und rief nach meinem Großvater. „Psst, er schläft!", hieß es. Also bin ich in sein Schlafzimmer geschlichen. Und tatsächlich, da lag er! Ich trat heran, fasste nach seiner Hand, um sie zu streicheln, sie war jedoch starr und kalt. Großvater war tot! Er war eingeschlafen und nicht mehr aufgewacht. Ich war unendlich traurig. Ich hätte ihn so gern um mich gehabt, er war ein freundlicher Mann, der mir mit Liebe und ruhiger Souveränität etwas über das Leben beibringen konnte. Vielleicht gelingt mir das auch irgendwann. Dabei denke ich natürlich an meine Kinder, meine Enkelkinder und deren Kinder, wenn alles optimal läuft. Vielleicht geht es ihnen wie mir. Solange ich gebraucht und gemocht werde, möchte ich auf der Welt bleiben. Darum geht es, dafür lohnt sich jede Anstrengung!

Noch im Zug entschloss ich mich, nach guter ärztlicher Art einen Check-up an mir durchführen zu lassen. Als ich die Werte bald darauf in Händen hielt, war ich einigermaßen erschüttert.

„Und, Dr. Saleh, was sagen Sie zu meiner Verfassung?", fragte ich den Arzt in mir.

„Mit einem Wort: katastrophal! Einsicht ist jetzt gefragt, Hadi!", erwiderte der. „Deine Blutwerte sind beschissen, wirklich besorgniserregend. Du musst dich mehr bewegen und auch deine Ernährung umstellen! Die Leberwerte sind erhöht, die Blutfette ebenso."

Solche Botschaften können die Unaufhaltsamkeit einer Lawine entwickeln. Schlagartig rückt sich alles zurecht. Wenn man merkt, dass man langsam verfettet und jede Fitness verloren gegangen ist, dann hat man nicht nur ein Problem im Spiegel, sondern auch im Kopf. Die Rechtfertigungsarien nimmt man sich selbst nicht mehr ab.

Zehn Jahre zuvor konnte ich alles machen. Und nun war das vorbei, als hätte man mir den Stecker gezogen. Mir wurde klar: So geht das nicht weiter. Ganz ehrlich, auch die soziale Interaktion leidet, wenn man sich nicht mehr attraktiv fühlt. Meine Frau war schlank und rank wie eh und je. Und ich? Kommt bei ihr ein bisschen mehr auf die Rippen, ist das alles schnell wieder abgelegt, während ich immer dicker geworden bin. Ich spürte, dass seit der Begegnung mit der Freundin auf der Party und dem Morgen danach mein Selbstwertgefühl dabei war, nachzulassen oder gar Schaden zu nehmen. Die Daten, die ich nun vorliegen hatte, belegten objektiv, was diesen Schmerz verursachte.

Dazu war vor einiger Zeit auch noch ein Bandscheibenvorfall gekommen. Der hatte nichts mit meinem Gewicht zu tun, sondern war, wie so oft, stressbedingt. Bei Männern in meinem Alter, die zu viel arbeiten, passiert das. Als Orthopäde weiß ich: Der Stress führt zu einem erhöhten Muskeltonus und der, kombiniert mit einer schlechten Haltung, löst dieses mechanische Phänomen aus. Der innere Kern der Bandscheibe tritt nach außen. Die Muskeln stützen nicht mehr, ziehen oft sogar in die falsche Richtung. Mit Muskulatur und Stabilität wäre das nicht passiert.

„Wir sind uns also einig, Hadi?"

„Absolut. Ich verspreche: Ich werde mein Leben ändern, Dr. Saleh."

Hadi erfindet sich neu

Natürlich habe ich den Vorteil, selbst Arzt zu sein und über das nötige Wissen zu verfügen, was mir guttut. Aber diesen Vorteil kann jeder mit einem Besuch in der Sprechstunde seines Hausarztes ausgleichen. Kein seriöser Kollege wird zu seinem Patienten sagen: „Da haben Sie aber einen besonders schön geformten runden Bauch!", sondern, je nach Naturell, etwas wie „Der Bauch muss weg!" Die Wahrheit ist, es mangelt nicht an Daten und Kenntnissen über die Gefährlichkeit eines ungesunden Lebensstils, sondern an der Bereitschaft, die Konsequenzen zu ziehen. Ich habe zu Hause eine inzwischen riesige Büchersammlung, die sich mit den Themen Langlebigkeit und Gesundheit beschäftigt. Mag sein, dass manche Diätvorschläge albern und die Fülle von Nahrungsergänzungsmitteln übertrieben sind, dass einem der Brustton der Heilsbotschaft gewaltig auf den Senkel geht, aber trotzdem gibt es in all den unterschiedlichen Ansätzen einen gemeinsamen Kern von aufgezeigten Problemen und Maßnahmen, der unbedingt verlässlich ist. Weil es sich dabei um wissenschaftlich gesicherte Einsichten handelt.

Zuerst möchte ich Ihnen, und das ist kein Scherz, die Killer vorstellen:

- Herz-Kreislauf-Erkrankungen
- Krebserkrankungen
- Neurodegenerative Erkrankungen (Demenz u. ä.)
- Stoffwechselstörungen (Diabetes mellitus u. ä.)

Diese vier gehören zu den häufigsten Erkrankungen. Das Robert Koch-Institut zählt darüber hinaus noch Erkrankungen des Muskel-Skelett-Systems sowie Lungenerkrankungen hinzu.[1] Auch Fettleibigkeit (Adipositas) wird häufig darunter gefasst, weil damit ein erhöhtes Risiko für Herzkrankheiten, Krebs und Diabetes verbunden ist. Der sogenannte Body-Mass-Index (BMI) ist nach wie vor die gängige Interpretationsmethode des eigenen Gewichts. Er unterscheidet aber nicht zwischen Fett- und Muskelmasse, besonders muskulöse Menschen können daher als zu dick eingestuft werden. Der BMI bestimmt sich aus Gewicht in Kilogramm pro Größe zum Quadrat. Krankenkassen und andere Institutionen bieten inzwischen BMI-Rechner im Internet an. Mit der Eingabe der eigenen Daten erhält man den BMI, der auch noch einmal geschlechts- und altersspezifisch gewichtet werden sollte. Ich habe damals 95 Kilo gewogen und hatte einen BMI zwischen 27 und 28. Damit wurde ich als übergewichtig eingestuft.

1 Siehe www.rki.de/DE/Content/Gesundheitsmonitoring/Themen/Chronische_Erkrankungen/Chronische_Erkrankungen_node.html (abgerufen am 29.04.2024).

Adipositas, also die chronisch-krankhafte Variante der Fettleibigkeit, beginnt erst ab einem Wert von 30.

Aus Hadis Bibliothek

Robert Koch-Institut (Hrsg.): Übergewicht und Adipositas. Gesundheitsberichterstattung des Bundes, Heft 16.

Hier findet man seriöse Informationen zu allen Aspekten dieses Themas. Gut aufbereitete Statistiken, Erklärungsansätze für ihre Entstehung samt gesundheitlichen Risiken und Behandlungsmöglichkeiten. Eine umfassende Darstellung.

Ich stelle die vier oben genannten Problembereiche ganz nach vorne, weil sich diese Krankheiten durch eine Veränderung des Lebensstils abwenden bzw. die Heilungschancen entscheidend erhöhen lassen.

Aus Hadis Bibliothek

Peter Attia: Outlive. The Science and Art of Longevity.
Vermilion 2023.[2]

Peter Attia ist ein bekannter Arzt, der sich auf Präventivmedizin, Langlebigkeit (*longevity*) und die Optimierung der menschlichen Gesundheit spezialisiert hat. Seine Arbeiten widmen sich vor allem der Ernährung, der körperlichen Aktivität, dem Stoffwechsel und der Anti-Aging-Forschung. Er erklärt in seinem Buch die Grundzüge des Alterns und die Gefahr der sogenannten vier *horsemen*, der apokalyptischen Reiter. Gemeint sind: Atherosklerose, Krebs, Demenz und metabolisches Syndrom (Herz-Kreislauf- und zerebro-

2 Inzwischen auch auf Deutsch erschienen: Peter Attia: Outlive. Wie wir länger und besser leben können, als wir denken. Ullstein 2024.

vaskuläre Erkrankungen, Krebs, Alzheimer und damit verbundene neurodegenerative Erkrankungen sowie Typ-2-Diabetes und damit verbundene Stoffwechselstörungen).

Attia legt Wert auf eine wissenschaftlich angeleitete Argumentation (evidenzbasiert). Er erklärt auf der Basis von empirischen Daten komplexe Zusammenhänge auf zellulärer Ebene und beschreibt, was sich gegen diese vier Gefahren unternehmen lässt. Erkrankungen mögen in einigen Fällen unvermeidbar sein, sie lassen sich dennoch lange hinauszögern. Den größten Hebel sieht Attia in den Bewegungsübungen (*exercise*), die aus Ausdauer- und Krafttraining bestehen sollten. Peter Attia hat auch einen Podcast, den ich gerne höre. Er ist außerdem, wie übrigens auch Mark Hyman, ein Befürworter der „funktionellen Medizin", eines ganzheitlichen Ansatzes, der nicht nur Symptome kurieren, sondern Krankheitsursachen bekämpfen möchte.

Chronische Erkrankungen dieses Typs werden in der Regel als „Volkskrankheiten" bezeichnet, gemeint ist damit zunächst nur, dass sie sehr häufig auftreten. Man versteht diese Krankheiten besser, wenn man von ihnen als „Zivilisationsschäden" spricht: Sie sind gewissermaßen der Preis unseres zivilisatorischen Standards. Die Hauptursachen sind:

- Individueller Lebensstil
- Externe Einflüsse (Umweltfaktoren, soziales Umfeld)
- Genetische Veranlagung

Der immer wieder unterschiedlich beurteilte genetische Faktor ist einer grundlegenden Neubewertung unterzogen worden. Ich komme später noch ausführlicher darauf zu sprechen. Entscheidend ist, dass unser Erbgut, unsere DNA, kein unveränderliches Schicksal bezeichnet, sondern allenfalls Risikofaktoren, die durch einen vernünftigen Umgang damit in Zaum gehalten werden können.

Gerade bei den Zivilisationsschäden gibt es keinen Grund, ihre Existenz als unveränderlich gegeben hinzunehmen, allein schon deshalb, weil sie von Lebensweise zu Lebensweise verschieden ausfallen. Bei einem Nomadenvolk werden Adipositas und Osteoporose eher selten vorkommen. Inuit sind über Jahrtausende an eine fett- und proteinreiche Nahrung angepasst, die den Cholesterinspiegel eines Mitteleuropäers in schwindelerregende Höhen treiben würde. Der wichtigste Aspekt, wie durch eine große Anzahl von Studien belegt, ist jedoch, dass bereits die Veränderung von zwei, drei Gewohnheiten drastisch lebensverkürzend oder eben -verlängernd wirkt. Auf einer internationalen Konferenz 2023 in den USA hat ein Team um die Wissenschaftlerin Xuan-Mai Nguyen von der University of Illinois Daten von mehr als 700.000 Veteranen im Alter von 40 bis 70 Jahren ausgewertet.[3] Es hat sich gezeigt: Durch einen gesunden Lebensstil können 40-jährige Männer im Durchschnitt 23,7 Jahre länger leben als mit einem schädlichen. Bei Frauen beträgt die Erweiterung der Lebensspanne 22,6 Jahre. Wir sprechen hier über statistische Werte, das bedeutet, dass sich diese Effekte nur in der großen Zahl einstellen, aber einem Einzelnen kein Garantieschein ausgestellt wird. Die Wahrscheinlichkeit allerdings eines längeren Lebens steigt signifikant.

Acht Gewohnheiten wurden in der Studie als gesundheitsfördernd eingeschätzt:

- Ausreichend Bewegung
- Nicht rauchen
- Stressresilienz
- Ausgewogene, pflanzenreiche Ernährung
- Wenig Alkohol
- Guter Schlaf
- Stabiles soziales Umfeld

3 Siehe dpaq.de/8ko9x (abgerufen am 23.04.2024). Eine Zusammenfassung der Ergebnisse findet sich in der Welt: www.welt.de/246548594 (abgerufen am 23.04.2024), der Süddeutschen Zeitung: www.sueddeutsche.de/gesundheit/medizin-lebenserwartung-gesundheit-ernaehrung-stress-rauchen-1.6061101 (abgerufen am 23.04.2024) und im Spiegel: www.spiegel.de/wissenschaft/lebenserwartung-wer-gesund-lebt-lebt-laenger-a-620fe32d-b591-4380-9484-2075640d4196 (abgerufen am 23.04.2024).

Als achten Punkt nennen die Urheber der Studie noch einen, der vor allem die USA betrifft:

- Keine Abhängigkeit von Schmerzmitteln, vor allem Opioiden

Das sind ziemlich gute Nachrichten, die wir auch von anderen Untersuchungen her kennen.[4] Medizinjournalisten und Ärzte beschäftigen sich regelmäßig mit solchen Studien und können ihre Kernaussagen jederzeit reproduzieren. Wir dürfen davon ausgehen, dass es sich dabei um gesichertes und vielfach kommuniziertes Wissen handelt. Aber die entscheidende Frage bleibt: Was machen wir mit diesem Wissen? Wie lassen wir uns davon leiten? Wie fügen wir diese Maßregeln in unseren Alltag ein?

Diese Fragen haben mich auf meinen Weg gebracht: Ich wollte das alles nicht nur genau wissen, sondern an mir selbst studieren. Wenn diese Folgerungen zutreffen, dann musste es einen für mich nachvollziehbaren und spürbaren Effekt geben, einen, der sich auf mein Wohlbefinden auswirkte, aber auch messen ließ. Ich bin beides: Arzt und Patient. Doch ich glaube nur, was ich selbst erprobt habe. Und das ist meine Geschichte!

Die Einsamkeit des Läufers

Mich bewegen? Um es mir leichter zu machen, dachte ich zuerst daran, mich mit anderen zu betätigen. Beim Mannschaftssport motiviert das Mit- und Gegeneinander unterschiedlich großer Gruppen, die Wettbewerbssituation fördert den Willen, sich zu verausgaben: schneller oder langsamer als die Gegner, geschickter oder ungeschickter, cooler oder nervöser? Klingt gut, war aber für einen wie mich, der sich eben entschlossen hatte, wieder an sich zu arbeiten, nicht umsetzbar. Ich liebe Fußball, aber vier gegen vier sollten auch bei kleinen

4 Neuerdings: Froböse, Wallmann-Sperlich: Der DKV-Report 2023. Wie gesund lebt Deutschland? Hrsg. v. d. Deutschen Krankenversicherung und der Sporthochschule Köln 2023. https://www.ergo.com/de/Newsroom/Reports-Studien/DKV-Report (abgerufen am 23.04.2024)

Toren auf dem Platz sein. Welcher Platz? Und wer hat überhaupt Zeit? Selbst wenn das geklappt hat, standen sich dann nicht durchtrainierte Kerle gegenüber, sondern Familienväter oder ältere Junggesellen, die sich an diesem Sonntagvormittag für zwei Stunden freigemacht hatten und bis unter die Haarspitzen motiviert waren. Sie wollten nun ähnliche Traumflanken schlagen oder Kurzpässe spielen wie die, die am Tag zuvor in der Bundesligaberichterstattung zu sehen gewesen waren. Das gelang fast nie, aber der Einsatz war groß und wuchtig, weswegen die Hobbykicker sich nicht selten wie schwere Massen beschleunigt aufeinander zubewegten, ohne den weiteren Verlauf so kontrollieren zu können, dass kein Schaden an eigenen oder fremden Knochen entstand. Das ist das Problem. Ich kenne diese Fälle noch aus meiner eigenen Praxis: Stauchungen, Prellungen, verdrehte Knie, oft sogar Sehnenrisse oder Knochenbrüche.

Also doch lieber eine gepflegte Partie Tennis? Gute Idee! Im Idealfall treibe ich einen Partner auf, der sich noch keinem anderen Spieler fest versprochen hat, und treffe ihn auf dem Platz. Man hat sich lange nicht gesehen, möchte sich hinterher viel erzählen, trinkt ein paar Bier dazu, isst einen Happen und schon ist der angestrebte Effekt verpufft. Man hat sich zwar die Lunge aus dem Leib gerannt, mit den Bieren und der Bratwurst aber kalorienmäßig ordentlich aufgepackt.

Solche Geschichten ließen sich viele erzählen, egal wie. Deswegen kommt früher oder später jeder Sportwillige zum Laufen. So auch ich. Die Ausstattung, die man braucht, ist überschaubar: gute Schuhe, zwei Nummern größer als normal, denn die Füße schwellen beim Laufen an. Kurze Hosen und ein Sportshirt hat man noch im Schrank. Diese Ausrüstung passt in jeden Koffer und es gibt wohl kaum einen Ort auf dieser Welt, von dem aus man nicht ein paar Runden drehen könnte.

Die Schüler des Aristoteles wurden Peripatiker genannt, ursprünglich wegen der Wandelhalle (*Peripatos*), in der sie sich zum Unterricht trafen. Die Themen wurden im Gehen besprochen, denn die Griechen hatten verstanden, dass es dem Denken wohltut, wenn es einen Ort und eine Zeit hat, die an natürliche Prozesse wie Verausgabung und Ermüdung gekoppelt sind.

Also los geht's!

Der erste Eindruck: Alle sehen mich an, als käme ich vom Mond, und allen scheint es ins Gesicht geschrieben, dass ich zum ersten Mal seit langer Zeit wieder laufe. Woran sieht man das? Laufe ich zu behäbig, entsprechen meine Sportklamotten nicht mehr der Mode oder verzerrt die Anstrengung meine Gesichtszüge? Weit komme ich nicht. Nach 500 Metern pumpe ich wie ein Maikäfer. Also schlendern und atmen. Schon bin ich in den anaeroben Bereich gerutscht.

Aerob und anaerob sind zwei Modi unseres Energiestoffwechsels. Bei mäßiger Belastung bewegen wir uns im aeroben Bereich und der Körper verbrennt Kohlenhydrate und Fett mithilfe von Sauerstoff, um die Muskulatur mit Energie zu versorgen. Übrigens bleibt unser Körper auch nach dem Laufen noch in diesem Modus, durch den sogenannten Nachbrenneffekt wird auch nach dem Sport Fett abgebaut. Nehmen wir allerdings Kohlenhydrate zu uns, wird dieser Prozess sofort gestoppt. Aerobes Training, Ausdauersport also, stärkt vor allem unser Herz-Kreislauf-System. Das Risiko, an einem Infarkt oder Schlaganfall zu sterben, wird um bis zu ein Drittel gesenkt. Die Weltgesundheitsorganisation WHO rät daher, 150 bis 300 Minuten Ausdauersport pro Woche zu betreiben.

Aus Hadis Recherchen

Eine aktuelle Studie hat über 22.000 Briten länger als sieben Jahre untersucht. Man konnte feststellen, dass drei bis vier Minuten tägliche Anstrengung wie z. B. schnelles Treppensteigen das Risiko für Krebs um bis zu 32 Prozent reduzieren! Dies ist ein weiterer überzeugender Baustein, der die Wichtigkeit von körperlicher Anstrengung unterstreicht.[5]

5 Siehe jamanetwork.com/journals/jamaoncology/fullarticle/2807734 (abgerufen am 23.04.2024).

Im anaeroben Modus gerät der Körper in ein Sauerstoffdefizit. Er benötigt mehr Energie, als über die Atmung zugeführt werden kann. Um das Defizit auszugleichen, werden körpereigene Reserven, Glukose und Glykogen, eingesetzt. Die Muskeln schmerzen, die Atmung wird schwer, so wie bei mir nach 500 Metern. Anaerobes Training ist ein Spiel mit Spitzenbelastungen, bei Sprints oder beim Gewichtheben setzen wir uns dem aus. Das Hilfreiche an diesem Training ist, dass dem Körper Signale gesendet werden, die aufgetretenen Defizite zu beheben: Muskulatur wird aufgebaut, Ausdauer gesteigert und Leistung verbessert. Allerdings darf die Belastung selbst nicht im Übermaß ausgedehnt werden, denn ein Kollaps wäre die Folge, mindestens aber eine Schwächung des Immunsystems.

Ich schlendere also und versuche, ruhig zu atmen, bis sich Puls und Atemfrequenz eingependelt haben. Dann laufe ich wieder los. Idealerweise läuft man so schnell, dass man sich noch unterhalten kann, ohne zu japsen. Ich habe nun eine Grünanlage erreicht, die ich umrunden möchte. Außer mir sind einige andere Läufer unterwegs. Das ist gut, ich bin einer von vielen. Allerdings bin ich offenbar der Langsamste. Ständig werde ich überholt. Vor allem die jungen Leute laufen beneidenswert locker. Sie federn sich mühelos ab und scheinen fast ein Stück über dem Boden zu schweben. Wäre die Erde innen hohl, würde es bei meinem schwerfälligen Aufstampfen dumpfe Geräusche geben.

Aber: Geschafft, ein Anfang ist gemacht!

Zu Hause trinke ich viel Wasser und stelle mich unter die Dusche. Zur Feier des Tages gönne ich mir Hüttenkäse. Ich fühle mich großartig. Übrigens liebe ich Hüttenkäse, das ist keine Kasteiung.

Mein Resümee nach den ersten Laufversuchen: Okay, ich bin für mich allein, aber ich habe festgestellt, dass ich gerade diese Zeit gut nutzen kann, um mich auch im Kopf zu sortieren, über Lösungen für offene Fragen nachzudenken und Überfälliges zu entscheiden. Das Erstaunliche ist: Bewegung hilft dabei! Probleme, die mich bedrängen, kommen meist zur Unzeit, gerne um vier Uhr nachts, wenn ich mich im Bett hin und her wälze, und verflüchtigen sich spätestens morgens wieder, weil ich optimistischer gestimmt bin. Das Laufen erdet meine Gedanken, das Kreiseln im Kopf erschöpft sie ebenso wie die Physis des Läufers. Ich stelle fest, dass mir das Laufen hilft, Unerledigtes aus meinem Kopf zu schaffen – ein Kollateralnutzen, der dazu angetan ist, sogar beim Stressabbau hilfreich zu sein.

Der Prozess, einsichtig zu werden, ging bei mir, ausgelöst durch die Party, abrupt vonstatten. Meinen Lebenswandel dauerhaft zu verändern, das brauchte Zeit. Ich bin in kleinen Schritten vorangegangen und habe mich dabei vom gesunden Menschenverstand leiten lassen: weniger industriell vorgefertigtes Essen, keine Schokoriegel mehr, das war ein guter Anfang. Außerdem gewöhnte ich mir an, auf die Rückseite von Verpackungen zu schauen, welche Fette und Zusatzstoffe finden sich, wie hoch ist der Zuckeranteil?

Die WHO empfiehlt, maximal 25 Gramm Zucker pro Tag zu sich zu nehmen. Wenn man prüft, was in Getränken oder in Nahrung bereits an Zucker enthalten ist, kommt man recht schnell auf diese 25 Gramm. Softdrinks wurden bei mir gestrichen und ich bin auf Lightprodukte umgestiegen. Damals wusste ich allerdings noch nicht, dass Zuckeraustauschstoffe im Verdacht stehen, das Mikrobiom zu schädigen und womöglich Krebs zu begünstigen. Seither trinke ich Wasser mit einem Schuss Essig. Studien deuten auf eine Abflachung des sogenannten glykämischen Index hin, weil Essigsäure (und nur diese, sauer allein genügt nicht!) die Magen-Darm-Tätigkeit verlangsamt. Mit dem glykämischen Index drückt die Wissenschaft aus, in welchem Maß Kohlenhydrate unseren Blutzuckerspiegel ansteigen lassen. Aus Kohlenhydraten macht unser Körper Zucker – je leichter verdaulich dieser ist, desto rascher treibt er den Spiegel nach oben. Um den Andrang zu bewältigen, wird Insulin ausgeschüttet. So weit, so gut. Wird unser Körper jedoch ständig unter Zuckerstress gesetzt, entsteht eine Insulinresistenz. Salopp gesagt, ist das die weiße Flagge, mit der uns signalisiert wird, dass die Zuckermengen nicht mehr bewältigt werden können. Insulinresistenz ist nur ein anderes Wort für die allseits bekannte Zuckerkrankheit. Patienten sind auf die äußere

Zufuhr von Insulin angewiesen. Deshalb Essigwasser – es hilft, solche Zuckerspitzen zu vermeiden, und wirkt sich daher günstig auf den Insulinstoffwechsel aus. Auch sonst habe ich mich bemüht, auf raffinierten Zucker zu verzichten: weniger Kuchen, überhaupt weniger Süßigkeiten. Ich gebe zu, ich bin oft gierig auf Süßes, schon deshalb habe ich den Zuckerkonsum nicht komplett eingestellt. Ihn zu reduzieren, hat aber schon viel gebracht.

Aus Hadis Recherchen

Jährlicher Pro-Kopf-Verbrauch an Zucker

Wie die folgende Grafik zeigt, hat der Zuckerverbrauch in Deutschland erheblich zugenommen:

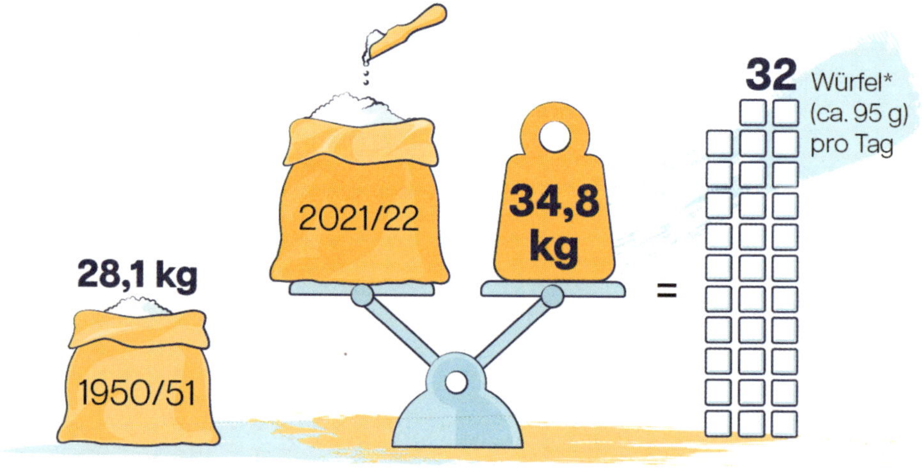

Quelle: Statista

*Ein Würfel Zucker entspricht ca. 3 Gramm.

Versteckter Zucker

Nicht bewusst ist uns oft, wie viel versteckter Zucker in Getränken und Lebensmitteln steckt:

*Ein Würfel Zucker entspricht ca. 3 Gramm.

Quelle: Allianz Gesundheitswelt: https://gesundheitswelt.allianz.de/gesundheit-ernaehrung/abnehmen-diaet/infografik-zucker-in-zahlen.html (abgerufen am 24.04.2024)

Wichtigste Maßnahme blieb, meine Bewegungsaktivitäten hochzuschrauben. Ich bin daher drei bis vier Tage die Woche laufen gegangen, das war gegenüber vorher eine ganze Menge. Um mich und meine Fortschritte kontrollieren zu können, habe ich mir meinen ersten Fitnesstracker zugelegt, um meine Schritte zu zählen. Empfohlen werden immer 10.000 Schritte pro Tag. Es ist zwar schön, diese Zahl zu erreichen, eine wissenschaftliche Grundlage gibt es jedoch dafür nicht. Anlässlich der Olympischen Spiele 1964 in Tokio wurde ein erster, mechanisch funktionierender Schrittzähler entwickelt. Dieser Schrittzähler, genannt *Manpoke*, konnte maximal 10.000 Schritte anzeigen. Dann begann er wieder bei null. Ich habe mich, obwohl die Zahl nicht physiologisch begründet ist, daran gehalten und versucht, auf diese 10.000 Schritte pro Tag zu kommen. Sich ein solches Ziel zu setzen, hält die Motivation hoch. Gelungen ist es mir jedoch nicht immer.

Aus Hadis Recherchen

10.000 Schritte, das macht, je nach Schrittlänge, fünf bis sieben Kilometer. In einer Studie[6] der Stanford University von 2017 wurde die tägliche Schrittanzahl von rund 720.000 Probanden aus 111 Ländern ausgewertet. Im Schnitt absolvierten die untersuchten Personen 4.900 Schritte pro Tag. Die Deutschen waren mit 5.200 Schritten überdurchschnittlich. Das haben wir unter anderem unseren Briefträgern zu verdanken: Sie absolvieren bis zu 18.000 Schritte pro Tag. Der normale Büroangestellte schafft dagegen nicht mehr als 1.500.[7]

Im Sommer 2023 wurde eine Metaanalyse veröffentlicht, die 17 Studien mit insgesamt 226.000 Teilnehmern auswertete. Dabei ergab sich, dass bereits ab einer täglichen Schrittzahl von 2.337 die Sterblichkeit durch Herz-Kreislauf-Krankheiten zurückgeht. Die Ge-

---

6 nmbl.stanford.edu/wp-content/uploads/nature.Althoff.Hicks_.Delp_.pdf (abgerufen am 24.04.2024)

7 Siehe www.haufe.de/arbeitsschutz/gesundheit-umwelt/kommen-sie-in-bewegung-so-viele-schritte sollten-sie-gehen_94_231212.html (abgerufen am 24.04.2024).

samtsterblichkeit sinkt ab einer Schrittzahl von 3.967. Von diesen Basiswerten aus ergibt sich der einfache Zusammenhang: je mehr, desto besser. Der Idealwert beträgt 11.529 Schritte pro Tag.[8]

Zu behaupten, ich hätte eine Strategie gehabt, wäre übertrieben. Aber es hilft mir, wenn Rück- oder Fortschritte dokumentiert werden. Ich brauche die Kontrolle. Wie schon erwähnt, wog ich zu Anfang 95 Kilo und habe mir daher eine Waage zugelegt, die auch den Körperfettanteil misst. Gute Zahlen können, richtig verstanden, eine ebenso starke Motivation sein wie schlechte! Und tatsächlich verlor ich langsam, aber stetig an Gewicht. Mich zunehmend besser zu fühlen, war eine verdiente Belohnung. Allerdings war meine Fitness noch lange nicht da, wo sie früher einmal gewesen war. Das Laufen fiel mir verdammt schwer. Drei Kilometer in einem Stück joggen war jenseits meiner Möglichkeiten. Ich musste mich langsam vortasten, musste mich erst mal mit einem Kilometer begnügen und konnte dann auf zwei oder drei Kilometer erhöhen. Aber das war am Anfang das Maximum, was ich zu leisten imstande war, und das auch nur in gemächlichem Tempo, weil ich doch sehr schnell außer Atem kam.

Was vor allem Männer falsch machen, ist, zu schnell zu laufen und den Puls hochzujagen. Ich auch! Die höchste Frequenz, die ich jemals dokumentiert habe, waren 202 Schläge pro Minute, einfach nur, weil ich eine kleine Steigung zügig hochlaufen wollte. Das war zu viel an Belastung für meinen damaligen Zustand. Das war 2016, vor genau acht Jahren. Das Resultat: hochroter Kopf und hinterher Muskelkater, einfach deshalb, weil ich den Fortschritt erzwingen wollte. Mir fehlte eben noch das letzte Eingeständnis: dass meine Fitness bei null gewesen war. Okay, hier ist es: Meine Fitness war bei null!

Der Anfang war hart, etwas anderes zu behaupten, wäre gelogen. Ich habe die zwei bis drei Kilometer lange Distanz in langsamem

8 academic.oup.com/eurjpc/advance-article/doi/10.1093/eurjpc/zwad229/7226309? (abgerufen am 24.04.2024)

Tempo regelrecht weggearbeitet. Von einem sogenannten *Runner's High* konnte ich nur träumen. Auch später war mir dieses sagenhafte Hochgefühl, das sich nach einer Weile einstellen soll, nicht vergönnt. Es sei, so heißt es, durch einen euphorischen Gefühlszustand gekennzeichnet, der einen jede körperliche Anstrengung vergessen lässt und die Zuversicht gibt, unbegrenzt weiterlaufen zu können. Meine Belohnungen waren eher mentaler Art, ich war hinterher stolz auf mich, es wieder einmal geschafft zu haben. Mein Pensum konnte ich nur sehr langsam steigern, tatsächlich hat es bis 2018, also zwei Jahre, gedauert, bis ich regelmäßiger längere Umfänge gelaufen bin, etwa acht bis zehn Kilometer.

Dann kam wieder einer dieser unerwarteten Kicks, die mich auf eine andere Bahn geschoben haben. Diesmal war es ein guter Freund, der mich im Dezember 2018 dazu überredete, am Berliner Halbmarathon im April 2019 teilzunehmen. Zu meinem Geburtstag am Jahreswechsel bekam ich von einem anderen laufbegeisterten Freund einen Trainingsplan geschenkt, mit dem ich schon im Januar 2019 das Training für den Halbmarathon aufgenommen habe.

Aus Hadis Recherchen

Hier der Trainingsplan für meinen ersten Halbmarathon:

Ein-/Auslaufen	**Aufwärmprogramm**	**< 70%**
Lockerer Dauerlauf	Aufbau von Grundlagen/Verbesserung Fettstoffwechsel	70–75%
Mittlerer Dauerlauf	Extensives Ausdauertraining oberer Bereich (marathonspezifisch)	75–80%
Zügiger Dauerlauf	Extensives Ausdauertraining oberer Bereich (halbmarathonspezifisch)	80–85%
Tempowechsel-DL	Training an der anaeroben Schwelle	80–90%
Tempodauerlauf	Training an der anaeroben Schwelle	85–90%
Fahrtenspiel	Training an der anaeroben Schwelle	87–93%
Steigerungslauf	Motorikschulung: „Vom Traben zum Sprint" – Unverkrampftes und stilistisch sauberes Laufen	
Trabpause	Langsames Traben zur Regeneration	
Ergänzendes	Kräftigungs-/Stabilisierungsprogramm für Läufer siehe Beispielprogramm	
Dehnung	Beweglichkeitsübung für Läufer siehe Beispielprogramm	
Koordination	Lauf-ABC/Laufstiltechnikübungen (Skippings, Kniehebelauf, Anfersen, Hopserlauf, jeweils in verschiedenen Variationen)	

Berliner Halbmarathon 2019

	Montag/Dienstag	Mittwoch/Donnerstag	Freitag/Samstag		Sonntag
KW 2	45 min lockerer DL oder Pause	10 x 1 Min. (2 Min. Trabpause)	15 Min. einlaufen – 60 Min. DL – 5 Min. auslaufen		60–90 Min. DL
KW 3	15 Min. einlaufen – 60 Min. mittlerer DL – 5 Min. Auslaufen	10 x 2 Min. (2 Min. Trabpause)	45 Min. lockerer DL oder Pause		75–90 Min. lockerer DL
KW 4	50 Min. lockerer DL	4 x 4 Min.–2 Min. (2 Min. Trabpause)	45 Min. lockerer DL oder Pause		60 Min. lockerer DL
KW 5	15 Min. einlaufen – 50 Min. zügiger DL – 5 Min. Auslaufen	5–6 x 1 km (2:30–3:00 Min. Gehpause)	60 Min. lockerer DL oder Pause		80–90 Min. locker DL
KW 6	50 Min. locker DL oder Pause	7–8 x 1 km (2:30–3:00 Min. Gehpause)	45 Min. lockerer DL + 3 STL	Pause	Testlauf 15 km
KW 7	30 Min. locker DL oder Pause	6 x 1200 m (2:30–3:00 Min. Gehpause)	15 Min. einlaufen – 50 Min. zügiger DL – 5 Min. auslaufen		80 Min. lockerer DL
KW 8	15 Min. einlaufen – 60 Min. zügiger DL – 5 Min. Auslaufen	5 x 1600 m (2:30–3:00 Min. Gehpause)	50 Min. lockerer DL oder Pause		100 Min. lockerer DL
KW 9	50 Min. locker DL + 3 STL	3 x 2km–1 km (2:30–3:00 Min. Gehpause)	60 Min. lockerer DL oder Pause		120 Min. lockerer DL
KW 10	50 Min. locker DL	1 km–2 km– 3km–2 km –1 km (2:30–3:00 Min. Gehpause)	30 Min. lockerer DL + 3 STL oder Pause		100 Min. lockerer DL
KW 11	60 Min. locker DL oder Pause	3 x 2 km (2:30–3:00 Min. Gehpause)	30 Min. lockerer DL + 3 STL	Test 10 km	
KW 12	30 Min. locker DL + 3 STL oder Pause	6–8 x 1 km (2:30–3:00 Min. Gehpause)	15 Min. einlaufen – 60 Min. DL – 5 Min. auslaufen		90 Min. lockerer DL
KW 13	60 Min. locker DL oder Pause	Lockeres Einlaufen – 10 STL über 80–100 m	6–10 km WKT	Pause	60 Min. lockerer DL
KW 14	45 Min. locker DL + 3 STL oder Pause	3 x 1 km	30 Min lockerer DL +3 STL	Pause	Generali Berliner Halbmarathon

Erklärung Mo./Di.	An diesen Tagen kann wahlweise und beliebig aus den Möglichkeiten gewählt werden
Mi./Do.–Fr./Sa.	Das Programm wird wahlweise Freitag ODER Samstag durchgeführt NICHT DOPPELT

Mein Ziel war, unter zwei Stunden zu bleiben, was mir tatsächlich gelungen ist. Ich fühlte mich nach dem Lauf erschöpft, aber rundum glücklich und versprach meiner Frau, die sich Sorgen wegen meiner schmerzenden Beine machte, keinesfalls einen ganzen Marathon in Angriff zu nehmen.

Schall und Rauch, dieses Versprechen hielt nicht lange! Kaum waren meine Schmerzen abgeklungen, stellte ich fest, wie sehr ich die Struktur des Trainingsplans vermisste. Solche Gerüste helfen mir – und sicher vielen anderen – sehr, denn ich halte sie ein und schiebe nichts auf. Was morgens in meiner Inbox liegt, befindet sich abends in meiner Outbox. Dabei bin ich weder übermäßig penibel noch ein Strukturfanatiker, es ist eher eine gewisse Art von Trägheit. Meiner Erfahrung nach kostet das Infragestellen von Vereinbartem und das Hinausschieben von Zugesagtem eine Unmenge an Kraft. Prokrastinierer verwenden maximale Energie darauf, das Verdrängte unter der Decke zu halten. Deshalb finde ich es bequemer und einfacher, alles ad hoc zu erledigen.

Nach wirklich sehr kurzer Überlegung wollte ich mich zum Berlin Marathon im September 2019 anmelden. Allerdings war die Anmeldefrist bereits verstrichen. Wer sich jedoch für einen Charity-Zugang entschied, erhielt auch noch verspätet eine Startnummer. Als Arzt wählte ich die „Stiftung KinderHerz", denn die Forschung zu und die Versorgung von herzkranken Kindern ist mir ein Anliegen. Gesagt, getan. Beim Anmelde- und Registrierungsprozess hatte ich mir 1.000 Euro als Spendenziel gesetzt und dafür Werbung bei meinen Freunden und Arbeitskollegen gemacht. Am Ende konnte ich mehr als 3.000 Euro übergeben. Ich lief also unter der Flagge und mit dem Laufshirt der „Stiftung KinderHerz".

Für die Vorbereitung zu diesem Großereignis ließ ich mir einen Trainingsplan von demselben Lauftrainer erstellen, der auch schon meinen Plan für den Halbmarathon gemacht hatte. Dieser Plan sah eine „Generalprobe" in Berlin vor, einen Halbmarathon, einen Monat vor dem eigentlichen Marathon.

Die Vorbereitung zur Generalprobe gestaltete sich problemlos und ich begab mich mit einem starken Gefühl an den Start. Die ersten 15 Kilometer war ich sehr schnell unterwegs, dann begannen mich die ersten Wadenkrämpfe zu plagen. Es war sehr heiß an diesem Tag und ich habe mit Sicherheit über den Schweiß viele Elektrolyte und Salze verloren. Bis Kilometer 19 war ich noch annehmbar unterwegs, da spürte ich ein Reißen in der rechten Wade und hinterher einen stechenden Schmerz. Mir war sofort klar, dass da etwas kaputtgegangen war. Weil ich aber bis dahin so schnell unterwegs gewesen und nur noch knapp zwei Kilometer vom Ziel entfernt war, biss ich die Zähne zusammen und humpelte mit starken Schmerzen den Lauf zu Ende.

Zweifellos verstieß das gegen jede Vernunft, die ich als Arzt an den Tag hätte legen sollen. Die Quittung bekam ich prompt: Im Ziel war ich nur noch einbeinig, das rechte Bein versagte mir den Dienst, die Schmerzen in der Wade waren zu groß. Gleich am nächsten Tag rief ich eine befreundete Physiotherapeutin an, die meinen Verdacht bestätigte – Muskelfaserriss: „Den Marathon kannst du vergessen!"

Aus Hadis Bibliothek

Haruki Murakami, Wovon ich rede, wenn ich vom Laufen rede. DuMont Buchverlag, 2010.

Das Buch des Schriftstellers Murakami, der bislang noch jedes Jahr als Kandidat für den Literaturnobelpreis gehandelt wurde, ist zweifellos einer der schönsten Texte über das Laufen. Jeder, der schon einmal einen Marathon absolviert hat, ist natürlich ein ganz eigener Typ Sportler, aber Murakami formuliert Einsichten über die Hochs und Tiefs eines Läufers, in denen ich mich uneingeschränkt wiederfinde. Diese Textstellen sind es unbedingt wert, zitiert zu werden:

„Natürlich bin ich kein überragender Läufer. Ich befinde mich auf einem sehr durchschnittlichen, mittelmäßigen Niveau. Aber das spielt keine Rolle. Mir kommt es lediglich darauf an, ob ich besser war als gestern, mich selbst übertroffen habe. Der einzige Gegner, den es beim Langstreckenlauf zu überrunden gilt, ist die eigene frühere Person." (S. 17)

„Trotz meiner Neigung zum Zunehmen hatte sich mein Gewicht durch die tägliche Bewegung ganz von selbst reguliert und dort eingependelt, wo es sein sollte. Der Punkt, an dem ich meinen Körper am mühelosesten bewegen konnte, war gefunden." (S. 43)

„Als ich jung war, hätte ich einen Marathon vielleicht auf diese Weise geschafft. Meine Kraft hätte auch ohne hartes Training für eine einigermaßen gute Zeit ausgereicht. Aber leider bin ich nicht mehr jung. Ich erreiche allmählich das Alter, in dem man nur etwas bekommt, wenn man auch dafür bezahlt hat." (S. 53)

Ein sehr lesenswertes Buch!

Dies war ein herber Rückschlag für mich. Zwar war ich bei meiner Generalprobe, dem Halbmarathon, eine neue Bestzeit gelaufen, allerdings sollte er nur eine Zwischenstation in meiner Vorbereitung sein. Ich hatte so hart und diszipliniert trainiert und wollte es einfach nicht akzeptieren, den Marathon sausen zu lassen. Schicksal hin oder her, bisweilen muss man sich auch dagegen auflehnen.

Ich begab mich daraufhin zu einer befreundeten Orthopädin in Behandlung. Sie wusste, dass ich alles Menschenmögliche versuchen würde, in vier Wochen wieder fit zu sein, um den Marathon laufen zu können. Die Therapie bestand aus einem Zinkleimverband zur akuten Behandlung, gefolgt von Laser- und später Physiotherapie. Ich habe mir sogar die berühmte Müller-Wohlfarth-Spritze direkt in den Muskel injizieren lassen. Der ehemalige Teamarzt des FC Bayern hatte in kritischen Fällen Actovegin eingesetzt, das aus Kälberblut gewonnen wird. Diese oft auch kritisierte Wunderspritze wurde später wissenschaftlich rehabilitiert.

Außerdem setzte ich mich mit meinem Lauftrainer in Verbindung und wollte wissen, was ich tun konnte, um meine Fitness zu erhalten: „Das Einzige, was du gefahrlos machen kannst, ist Aqua-Jogging."

Also besorgte ich mir einen Aqua-Jogging-Gürtel und war von da an regelmäßiger Besucher des Schwimmbads. Die älteren Damen, die mit bunten Badekappen ihre Runden drehten, müssen mich für bekloppt gehalten haben. Ich stand mit meinem Gürtel aufrecht im Wasser und bewegte mich mit der Grazie einer Boje langsam vorwärts. Ich habe glücklicherweise einen starken Willen, sonst hätte ich gleich in der Cafeteria zu Kuchen und Kaffee eingecheckt. Als Humpelbein hätte ich dort auch noch einen Mitleidsbonus bekommen.

Nach drei Wochen angestrengter Therapie auf allen Ebenen und unablässigem Aqua-Jogging kam das Wunder in Sichtweite: Behutsam fing ich wieder an zu laufen. Klar, ich spürte meine Wade, das mochte aber auch an der Heilung gelegen haben. Als Arzt weiß ich, dass an der gerissenen Stelle eine Narbe im Muskel entsteht, die zu einer Verkürzung führt. Mit der Zeit habe ich die Umfänge gesteigert und war dann bereit für einen abschließenden Check: ein Lauf über 30 Kilometer als letzte Vorbereitung. Ein Freund begleitete mich und alles ging gut: Die Wade hielt. Vorsichtshalber legte ich mir noch Kompressionsstrümpfe zu und studierte in meinen Büchern, wie sich der Salzverlust bei Langstreckenrennen ausgleichen ließ.

Ausgerüstet wie eine wandelnde Apotheke – ich war bestückt mit Gels, Elektrolytlösungen und Salztabletten –, bin ich dann im September 2019 hochgestimmt, dabei vorsichtig an den Start des Berlin Marathons gegangen. Ich war überglücklich, als ich die Ziellinie tatsächlich überquerte. Ich hatte allen widrigen Umständen getrotzt. Zu überwinden gewesen war nicht der normale innere Schweinehund, sondern eine monströse Riesensau. Ich habe sie niedergekämpft! Ausgerechnet mein Laufpartner musste schon nach 600 Metern mit Schmerzen in der Wade aussteigen und ich war von da an auf mich allein gestellt. Es goss in Strömen, aber nichts konnte an diesem Tag meine Erleichterung und Freude über den überstandenen ersten Marathon schmälern. Mit einer Laufzeit unter vier Stunden lief ich durch das Ziel hinter dem Brandenburger Tor.

Seither bin ich beim Laufen geblieben. Im Moment trainiere ich mit fünf Läufen pro Woche und einem Umfang von 75 bis 85 Kilometern. Die einzelnen Läufe variieren in Geschwindigkeit und Umfang, acht bis neun Kilometer werktags und sonntags (wie das Huhn, das Willy Fritsch besingt) auch mal mehr, bis hin zu 33 Kilometer langen Läufen.

Durch das regelmäßige Lauftraining habe ich einiges an Gewicht verloren und brachte es zuletzt auf 83 Kilogramm. Auch auf meinen Blutzuckerspiegel hat sich das positiv ausgewirkt, den ich, im Langzeitverlauf betrachtet, weiter senken konnte. Die Werte in Ruhe bzw. in der Nacht blieben konstant unter 85 mg/dl. Festgelegt wird für gesunde Menschen ein Normbereich von 70 bis 100 mg/dl. Darüber hinaus wissen wir, dass regelmäßige Bewegung den Blutdruck positiv beeinflusst. Allerdings hatte ich noch nie Probleme damit gehabt und bin dem bei mir nicht genauer nachgegangen. Das Wichtigste war jedoch: Mein Körpergefühl war wieder stimmig, ich fühlte mich wohl in meiner Haut.

Um Effekte bei Blutzucker, -druck und Gewicht zu erreichen, muss niemand Langstreckenläufer oder Sportfanatiker werden. Kleine Einheiten von schnelleren Bewegungen, wie Treppen etwas flotter zu nehmen und Ähnliches, sind ebenso hilfreich. Wie man der zuvor erwähnten Studie entnehmen konnte, wirken sich bereits 4.000 Schritte pro Tag positiv auf die Gesundheit aus. Die WHO empfiehlt, sich mindestens 150 Minuten pro Woche zu bewegen, was rund 20 Minuten am Tag entspricht. Schnelles Gehen genügt, man muss noch nicht einmal aus der Puste geraten. Aber generell gilt natürlich: Je mehr, desto besser.[9]

---

9 Erwachsenen und Senioren empfiehlt die WHO mindestens 150 bis 300 Minuten Bewegung mit moderater Intensität oder alternativ 75 bis 150 Minuten intensiven Sport pro Woche. Einen zusätzlichen Nutzen können Erwachsene aus längeren aeroben Trainings (> 300 bzw. >150 Minuten) sowie aus mindestens zwei Tagen pro Woche Krafttraining für alle Hauptmuskelgruppen ziehen. Für Senioren sieht die WHO zusätzliche Vorteile in Krafttrainings an mindestens zwei Tagen die Woche sowie in Koordinations- und Gleichgewichtstraining an mindestens drei Tagen die Woche.
Obwohl die WHO klare Vorgaben für die optimale Dauer und Intensität der Aktivitäten gibt, betonen die neuen Richtlinien, dass selbst wenig Bewegung besser als keine Bewegung ist. Bei Inaktivität sollte zunächst mit wenig Aktivität begonnen werden und diese dann über die Zeit in

Was bedeutet Altern?

Ich möchte, bevor ich mich der Antwort auf das Problem in der Kapitelüberschrift zuwende, eine andere Frage vorausschicken: Was ist eigentlich so schlimm am Altern? Jeder mag da seine ganz persönlichen Ängste haben, ich auch. Ich will Ihnen meine kurz schildern: Ich gucke gerne Tierfilme im Fernsehen. Neulich habe ich einen ausführlichen Bericht über eine Affenhorde im Kongo gesehen. Solche Gemeinschaften umfassen bis zu 100 Individuen. Ein dominantes Männchen wurde von den Filmern Freddie genannt. Freddie saß auf einem Ast, von dem er einen guten Überblick hatte, wirkte breiter und muskulöser als die anderen und griff mit herrischen Gesten und kurzen Aktionen immer wieder in das Gruppenleben ein, wenn es etwas zu schlichten oder zu verteilen gab. Er hatte die Sache ziemlich gut im Griff, besuchte seine Weibchen, hatte Zugang zu den besten Futterplätzen, musste sich aber immer wieder gegen aufbegehrende, halbstarke Jungmännchen zur Wehr setzen. Irgendwann, so ist der Lauf der Zeit, unterlag er der aggressiven Rüpelgruppe. Er büßte seinen sozialen Status ein, saß abseits, mit ungepflegtem, verlaustem Fell und wirkte trübsinnig.

Was also am Altern so schlimm ist? Nicht mehr lieben zu dürfen und nicht mehr geliebt zu werden? Außerhalb der Gruppe hocken zu müssen, keine sozial zufriedenstellende Rolle mehr zu haben? Natürlich identifiziere ich mich nicht mit Freddie, das wäre ja albern, aber die Pose des Verstoßenen und Verlassenen hat mich doch gerührt. Dort nisten auch meine Ängste vor dem Alter, nämlich ins Abseits zu geraten.

Frequenz, Intensität und Dauer gesteigert werden. Die Richtlinien der WHO basieren auf wissenschaftlichen Studien, die von einem Expertengremium zusammengetragen, beurteilt und in konkrete Handlungsempfehlungen übersetzt wurden. Die ansprechend gestalteten Guidelines umfassen etwa 100 Seiten und können über die Website der WHO eingesehen bzw. heruntergeladen werden. Bei Interesse können dort auch konkrete gesundheitliche Auswirkungen von Bewegung sowie die zugrunde liegende Literatur und die entsprechenden Evidenzgrade der Empfehlungen nachgeschlagen werden.
Siehe www.who.int/publications/i/item/9789240015128 (abgerufen am 14.04.2024).

Widmen wir uns dem Altern selbst. Es verstehen zu wollen, ist schwieriger denn je. Werden, Aufblühen und Vergehen ist ein Prozess, der uns aus der Natur wohlbekannt ist. Wir leben in und orientieren uns an Zyklen, Tag und Nacht, der Wechsel der Jahreszeiten und natürlich auch die Abfolge der Generationen. Die einfache Weisheit lautet: Leben bedeutet auch Sterben. Die Anstrengungen, die in das Verständnis des Alterns investiert wurden, richten sich in erster Linie auf eine Verlängerung der Lebensspanne und die Möglichkeit, seinem Lebensende in guter Gesundheit entgegensehen zu können.

Vergewissern wir uns zunächst der Definition des Alterns durch die WHO:[10] „Auf biologischer Ebene stellt das Altern Auswirkungen einer Anhäufung verschiedenster molekularer und zellulärer Schäden im Laufe der Zeit dar. Dies führt zu einem allmählichen Rückgang der körperlichen und geistigen Leistungsfähigkeit, einem wachsenden Krankheitsrisiko und letztendlich zum Tod." Altern drückt sich also nicht in einer einheitlichen Erscheinungsform aus, sondern in einem Bündel unterschiedlicher Einbußen, deren Zusammenwirken uns irgendwann sterben lässt.

Die Frage nach diesem Irgendwann lässt sich im Moment so beantworten: Der wissenschaftlich bestätigt älteste Mensch war die Französin Jeanne Calment, die mit 122 Jahren verstarb. Das Alter von Methusalem, das in der Bibel mit 969 angegeben wird, verweisen wir in das Reich der Fabel. Lange Zeit galt der Chinese Li Chung-Yun mit 256 Jahren als der Älteste, später dann der amerikanische Zahnarzt Charlie Smith mit 137 Jahren, aber in diesen und ähnlichen Fällen stellte sich heraus, dass die Geburtsdaten durch kein amtliches Register belegbar waren. Seitdem die Altersforschung wissenschaftlich seriös auftritt, ist dieses Kriterium zwingend geworden.

Das Altern, so wurde dies schon in den Anfängen der Geriatrie, der Altersmedizin, festgestellt, lässt sich nicht in ein charakteristisches Krankheitsbild fassen, es ist vielmehr eine Multimorbidität und Poly-

10 Siehe www.who.int/news-room/fact-sheets/detail/ageing-and-health (abgerufen am 24.04.2024).

pathie, ein Vielfachleiden, das aus zusammenhängenden chronischen und voneinander unabhängigen Erkrankungen bestehen kann. Früher allerdings stand des Öfteren im Totenschein, die Person sei an „Altersschwäche“ gestorben, als hätte das Altern ein Erlöschen des Lebens herbeigeführt. Heute ist man davon abgekommen, denn die Todesursachen bei Hochbetagten sind unterschiedlich. Sie reichen von Herzinsuffizienz über akutes Herzversagen bis zur Lungenentzündung und zum Kräfteverfall. Zu den bereits vorhandenen Leiden tritt immer noch ein letztes hinzu, das den Tod endgültig herbeiführt.

Aus Hadis Bibliothek

Hans Franke: Auf den Spuren der Langlebigkeit. Schattauer 1985.

Hans Franke (1911–2000) war in Deutschland der Pionier der Altersforschung. Er war einer der Ersten, die dem Phänomen des Alterns systematisch auf den Grund gegangen sind. Franke lehrte an der medizinischen Fakultät in Würzburg. In dem oben genannten Buch veröffentlichte er Untersuchungsergebnisse von 575 über 100-jährigen (damals noch) Westdeutschen. Er hat festgestellt, dass Hochbetagte überwiegend aus Familien kommen, deren Mitglieder ebenfalls sehr alt geworden sind. Ob die genetische Ausstattung oder die durch die Eltern mitgegebenen Verhaltensweisen dafür maßgeblich sind, muss nach heutigem Kenntnisstand offenbleiben. Interessant ist sein Befund, dass die Überhundertjährigen zumeist untergewichtig waren. Man hat dies auch in Tierversuchen nachweisen können. Bei den Essgewohnheiten stach hervor, dass allzu fette und blähende Kost abgelehnt wurde, individuelle Unverträglichkeiten berücksichtigt wurden und auf eine individuelle Auswahl und Zubereitung der Speisen großer Wert gelegt wurde. Viele aus der Kohorte waren starke Kaffee- oder Teetrinker. Alkohol war gängig, starke Trinker gab es jedoch nicht. Viele waren früher einmal Raucher gewesen, die meisten hatten es jedoch im Alter aufgegeben.

Die Lebenserwartung lag um 1900 noch zwischen 30 und 50 Jahren, inzwischen sind wir bei etwa 80 Jahren angelangt. Die hohe Kindersterblichkeit hat dafür gesorgt, dass der Durchschnitt damals so niedrig war. Verantwortlich für den Anstieg sind in erster Linie folgende Faktoren:

- Fortschritte in der Medizin
- Bessere Hygiene und staatliche Gesundheitsvorsorge
- Gute Ernährung und gesünderer Lebensstil
- Gestiegenes Gesundheitsbewusstsein
- Forschung und Technologie

Bis vor Kurzem konnte man noch feststellen, dass die Lebenserwartung von Frauen deutlich höher lag als die von Männern. Man hat den gesünderen Lebensstil der Frauen dafür verantwortlich gemacht. Inzwischen, so hat eine Studie des Bundesinstituts für Bevölkerungsforschung[11] gezeigt, nähern sich die Werte an, die Männer holen also auf.

Die Perspektiven aber sind unklar. Wir stellen fest, dass das Durchschnittsalter statistisch gesehen ständig steigt. Zuletzt hatten wir zwar durch Corona eine Übersterblichkeit und daher eine Delle in dieser Entwicklung, sie wird sich jedoch in nächster Zukunft, dem seit gut 120 Jahren anhaltenden Trend entsprechend, wieder fortsetzen. Das bedeutet, schlicht gesagt, dass Kinder stets älter werden können als ihre Eltern. Wo die absolute Grenze liegt, ist nicht auszumachen. Alles, was wir wissen, ist, dass die ältesten Menschen bislang maximal 120 Jahre alt geworden sind. Es gibt aber keinen physiologischen Grund, warum es nicht irgendwann einmal 150 Jahre sein sollten.

Autoren wie Mark Hyman leiten aus dieser Unsicherheit die Annahme ab, dass Altern auch „nur“ eine Krankheit ist, die in nächster Zukunft heilbar sein könnte. Solche Prognosen stützen sich auf eine Entdeckung, die der japanische Wissenschaftler Shin'ya Yamanaka gemacht hat. Zusammen mit John Gurdon erhielt er dafür 2012 den

---

11 Siehe www.bib.bund.de/DE/Presse/Mitteilungen/2023/2023-08-09-Wo-Maenner-fast-so-alt-werden-wie-Frauen-und-wo-nicht.html;jsessionid=9938299E468D165E7002223ED156C414.intranet262 (abgerufen am 24.04.2024).

Nobelpreis für Medizin. Um zu erklären, was er entdeckt hat und warum dies für das Altern bedeutsam sein könnte, muss ich etwas ausholen.

Der menschliche Körper besteht aus einer Vielzahl von spezialisierten Elementen und Organen. Für solche Aufgaben sind Zellen zuständig, die beispielsweise Haut, Muskeln, Haare oder Nerven bilden. Geht man nun auf die Zeugung des Menschen zurück, existiert zu Anfang nichts weiter als ein Zellhaufen, der sich nach einem ihm innewohnenden Programm auszubilden und dabei zu spezialisieren beginnt. Am Anfang dieses Prozesses stehen sogenannte Stammzellen, die sich in jede benötigte „Spezialzelle" verwandeln können. Stammzellen sind in der medizinischen Fachsprache pluripotent, das heißt, sie können sich in die jeweils benötigte Richtung entwickeln. Yamanaka ist es gelungen, spezialisierte Zellen in Stammzellen „rückzuprogrammieren". Früher konnte man solche Stammzellen nur aus Embryonen gewinnen, was aus ethischen Gründen bei uns stark eingeschränkt wurde. Durch die Möglichkeit dieser „Rückprogrammierung" könnte man, so jedenfalls die Hoffnung, eine Therapie entwickeln, die beschädigtes oder krankes Gewebe durch neu produziertes ersetzt. Eine solche Anwendung ist jedoch noch Zukunftsmusik.

Ein solider und gangbarer Weg, das Geheimnis der Langlebigkeit zu ergründen, liegt im Verständnis der Vergangenheit. Diese Aufgabe beschäftigt die Altersforschung seit jeher. Um einer Lösung näherzukommen, hat man Studien mit Höchstbetagten durchgeführt, mehr noch, Regionen ausfindig gemacht, die sich durch eine besonders große Anzahl von über Hundertjährigen auszeichnen. Hier haben sich aber auch einige Missverständnisse eingestellt, die sich aus der bereits angesprochenen unsicheren Datenlage ergaben. Bulgarien galt zum Beispiel einst als das klassische Land der Langlebigen. 1926 wurden dort angeblich 1756 Hundertjährige ermittelt. In einer Nachkontrolle ergab sich dann aber, dass nur 56 Fälle einer dokumentarischen Prüfung standhielten. Dennoch hatte Bulgarien seinen Ruf weg und der unverwüstliche, für seine Knoblauchtabletten turnende Ilja Rogoff sowie ein weißhaariger Greis mit traditioneller Kopfbedeckung auf dem Deckel eines beliebten Joghurts wurden zu Symbolen eines sich daraus ableitenden Marketings.

Inzwischen sind solche Missverständnisse korrigiert, und die Wissenschaft hat sogenannte *Blue Zones* ausgemacht, Regionen, in denen tatsächlich überdurchschnittlich viele Hochbetagte leben. Zweifelsfrei als solche identifiziert sind:

- Okinawa in Japan
- Sardinien
- Nicoya-Halbinsel in Costa Rica
- Ikaria in Griechenland
- Loma Linda in Kalifornien

Der Begriff *Blue Zones* stammt von Dan Buettner (er hat ihn sich inzwischen schützen lassen) und fand in seiner Titelgeschichte „The Secrets of a Long Life“ in der Zeitschrift *National Geographic* erstmalig Verwendung. *Blue Zones* heißen sie deshalb, weil Gianni Pes und Michel Poulain, die Wissenschaftler, mit denen er zusammenarbeitete, die nämlichen Regionen mit einem zufälligerweise blauen Stift eingekreist hatten. Buettner hat diese fünf Regionen namhaft gemacht und herauszuarbeiten versucht, was ihnen gemeinsam sein könnte. Dieses Gemeinsame klang zunächst einmal nicht besonders erfreulich, denn es handelte sich bei den *Blue Zones* zumeist um Gegenden, die seit Langem von der sie umgebenden Entwicklung abgeschnitten waren. Enklaven also, in denen ein eher entbehrungsreiches Leben geführt wurde. Man muss sich vor Augen halten, dass man mit diesem Lebensstil keine wünschenswerte Blaupause für das eigene Verhalten erhält. Wir müssen daher diese Merkmale verallgemeinern und auf uns anpassen:

- Vorwiegend pflanzenbasierte Ernährung
- Mäßiger Alkoholkonsum, wenn, dann vorwiegend Rotwein
- Körperliche Aktivität im Alltag
- Feste, der Natur angepasste Lebensrhythmen
- Hohes Maß an sozialer Integration
- Wenig Stress und spirituelle Entspannungstechniken wie Meditation, Gebet oder Yoga

- Sinngebundenheit
- Mäßiges Essen

Für Okinawa wird auch das Lebenskonzept des *Ikigai* als verstärkend angeführt. *Ikigai* lässt sich frei als „Wert des Lebens“ übersetzen. Im Kern ist *Ikigai* ein Gerüst, das dem von Viktor Frankl ähnelt:

- Tue, was du liebst.
- Tue, wofür du bezahlt wirst.
- Tue, was die Welt braucht.
- Tue das, worin du gut bist.

Erst im Zusammenspiel aller Elemente entfaltet dieses Konzept seine Wirksamkeit. *Ikigai* wendet sich zum einen Teil an das Individuum, das über die Berufung und die Fähigkeit verfügt, die erstrebte Tätigkeit auch auszufüllen, zum anderen Teil an das soziale Umfeld. Der Einzelne soll erkennen, woran es der Gemeinschaft fehlt und ob sie bereit ist, seinen Einsatz für diesen Bedarf zu honorieren. Es darf jedoch nicht übersehen werden, dass Menschen in den *Blue Zones* einen eher vormodernen Lebensstil pflegen. Schon deshalb sind sie vor typischen Zivilisationsschäden mehr gefeit.

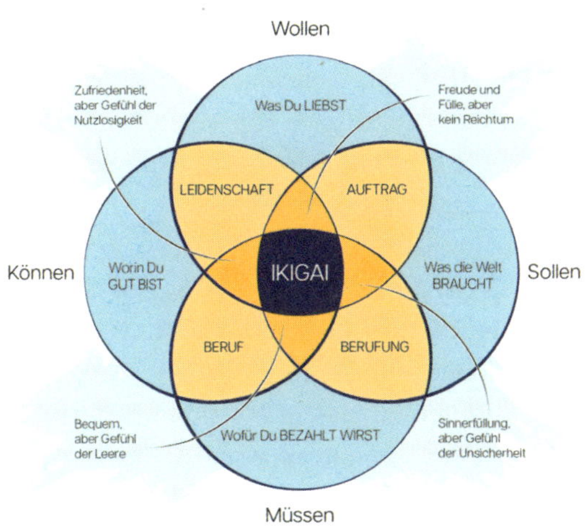

Quelle: Orthomol: https://www.orthomol.com/de-de/lebenswelten/nerven-psyche-stress/ikigai (zuletzt abgerufen am 24.04.2024)

Nach diesem Überblick über das Altern stellt sich die Frage, wie wir all dies für uns nutzbringend einsetzen können. Wer auf seinem herkömmlichen Stiefel beharrt, wird darauf verweisen, dass man wieder einmal noch nichts Genaues wirklich weiß. Wenn schlechte Gewohnheiten damit gerechtfertigt werden sollen, finde ich dies kein gutes Argument. Wie es im Amerikanischen heißt: Wenn du in einem Loch sitzt, hör auf zu graben! Zudem bin ich da anderer Ansicht: Mir haben diese Überlegungen die Einsicht vermittelt, dass Altern ein variabler, ein skalierbarer Prozess ist, den wir mit Vernunft und Selbstdisziplin für uns zum Guten, zum Längeren wenden können. Anders gesagt: Wem kein Stein auf den Kopf fällt, wer unter kein Auto kommt oder sonst einem Unglück zum Opfer fällt, der hat gute Chancen, sein Altern zu gestalten.

Die guten Gene?

Gute Gene sind ein komfortables Polster, das uns unsere Vorfahren mitgegeben haben. Das glauben viele. Neulich telefonierte ich mit einem Freund, der sich darüber beklagte, dass ich im Moment noch weniger Zeit für ihn hätte als früher. Was mit mir los sei? Ich erzählte ihm, dass ich an einem Buch arbeiten würde. Worüber, fragte er. *Longevity*, antwortete ich, Langlebigkeit. Schweigen am anderen Ende der Leitung. Das Gesicht dazu konnte ich mir vorstellen. Echt? – Begeisterung klingt anders. Ehrlicher wäre eine Bemerkung gewesen wie: Willst du da jetzt auch noch mitmischen?

Zunächst einmal musste ich erklären, dass *Longevity* ein ziemlich schlampiger Begriff ist, der falsche Vorstellungen weckt. Wir denken dabei sofort an eine überalterte Gesellschaft, die sich mit Medikamenten und Prothesen künstlich am Leben erhält, statt hinfällige Personen in Würde abtreten zu lassen. Noch einmal: Mir geht es nicht darum, auf Teufel komm raus alt zu werden, sondern meine gesunde Lebensspanne zu verlängern. Bei einem fortgeschrittenen Alterungsprozess hoffe ich, in Frieden meinen Hut nehmen zu können.

Darüber hinaus weiß ich, dass das Thema „Langlebigkeit" auf dem aktuellen medizinischen Ratgebermarkt die ziemlich dicke Sau ist, die durchs Dorf getrieben wird. Wenn ich mir die Auswahl an bereits erschienen Werken ansehe, stelle ich jedoch fest, dass es sich überwiegend um amerikanische Literatur handelt. Dagegen ist nichts einzuwenden, ich selbst war lange genug in den Staaten, um ein entspanntes Verhältnis zum US-Stil zu haben und empfehle hier die eine oder andere entsprechende Lektüre. Allerdings hat das auch mein Unterscheidungsvermögen geschärft. Im Gegensatz zu dem eher nüchternen Skeptizismus, der hierzulande praktiziert wird, legen amerikanische Autoren einen gnadenlosen Optimismus an den Tag, der uns glauben machen möchte, dass wir bald in der besten aller Welten leben könnten. Setzt man hinzu, dass die profiliertesten Köpfe, wie David Sinclair, Mark Hyman und inzwischen auch einige deutschsprachige Autoren, unternehmerisch in dem neu entstandenen Markt tätig sind, versteht man, dass sie logischerweise immer auch *pro domo* sprechen. Gute Argumente und ein überzeugender Gestus fördern den Umsatz. Der *Financial Times* zufolge ist der Sektor „*Longevity*/Langlebigkeit" die größte Businesschance im 21. Jahrhundert. Das spürt man bei der Durchsicht der vorhandenen Literatur. Gerade deshalb, so versuchte ich meinem Freund zu verdeutlichen, sei es notwendig, eine einsichtsvolle Abwägung der gängigen Strategien und Ratschläge anzubieten und sie in ihrer Wirkung auf die eigene Person zu beschreiben. Sigmund Freud hat mit Kokain experimentiert, Albert Hofmann hat LSD geschluckt, Werner Forßmann setzte sich selbst einen Herzkatheter und Max von Pettenkofer schluckte Cholerabakterien. Mit so heroischen Selbstversuchen will ich mich und meine Fitnesstracker nicht vergleichen, demgegenüber bewege ich mich auf recht sicherem Terrain. Denn ich tue mir nichts an, was nicht schon grundsätzlich geprüft ist. Allenfalls erfüllt etwas nicht den gewünschten oder beworbenen Effekt.

Das Problem, mit dem wir alle zu kämpfen haben, ist: Gerade weil Langlebigkeit ein so großer Markt ist, werden wir mit vielfach halbseidenen Empfehlungen zugeschüttet. Hier will ich gern für mich und andere mehr Klarheit schaffen. Auf typisch deutsche Art: sortieren, abwägen, Begründungen suchen. Und vor allem mit meinen eigenen Erfahrungen arbeiten.

Mein Freund lenkte ein und signalisierte Verständnis: „Du wirst also keine Pillen oder Pülverchen verkaufen?"

„Nein."

„Auch keine neue Firma aufmachen?"

„Nein."

„Trotzdem …"

Ich wusste, jetzt würde das Killerargument kommen.

„… muss ich dir sagen, dass das eigentliche Gerüst unserer Gesundheit und Langlebigkeit unsere Gene sind, die wir geerbt haben."

Lieber Freund, dieses Kapitel ist für dich! Ich werde mich bemühen, dir das Problem in aller gebotenen Sachlichkeit darzulegen.

Im Juni 2000 stellte der damalige amerikanische Präsident Bill Clinton eine Forschungsarbeit vor, von der man annahm, dass sie das Wissen um den menschlichen Körper revolutionieren würde: die Kartierung des menschlichen Genoms. Anwesend waren die beiden Forscher, die sich ein jahrelanges Wettrennen um die Erstveröffentlichung geliefert hatten: John Craig Venter von der Firma *Celera Genomics* und Francis Collins, der Leiter des internationalen Humangenomprojekts. Letztlich hatte die privat finanzierte Firma *Celera Genomics* die Nase vorn. Man habe nun den aus 3,3 Milliarden Zeichen bestehenden Text entschlüsselt. Das menschliche Gen, die DNS (Desoxyribonukleinsäure), wird im Modell der sogenannten Doppelhelix dargestellt, einer Leiter, die wie eine Wendeltreppe gewunden ist. Sie trägt die gesamte menschliche Genausstattung. Diese Struktur ist perfekt, denn bei jeder Zellteilung wird auch die Doppelhelix in der Mitte getrennt und in der neuen Zelle wieder ergänzt.

Sagt man, jemand habe „gute Gene", so meint man genau diese Erbinformationen. Die Hoffnung, die mit dieser Entdeckung verbunden war, bestand darin, dass nun ein Ansatzpunkt vorliegen würde, einen Großteil der Krankheiten durch genetische Manipulation heilen zu können.

Ein paar Jahre später folgte die Ernüchterung, denn nichts von den kühnen Erwartungen war eingetroffen. Weder gab es geeignete Medikamente noch andere Eingriffsmöglichkeiten. Heute schätzt man, dass der genetische Fundus allenfalls eine Einflussgröße von rund sieben Prozent bei unserer Lebenserwartung ausmacht.[12]

Wie ist das möglich?

Lieber Freund, ich möchte dich nicht mit Expertenwissen überlasten, das zwar wissenschaftlich hochinteressant, für das Verständnis der eigenen Gesundheit jedoch wenig nutzbringend ist. Zwei Hinweise können die angeführten Tatsachen verdeutlichen: Eineiige Zwillinge haben die exakt identische genetische Ausstattung. In der Zwillingsforschung sind folgende Fälle bekannt geworden: Von zwei 81-jährigen dänischen Schwestern leidet die eine an Diabetes, die andere ist gesund. Ein weiterer solcher Fall ist ebenfalls in Dänemark bekannt geworden. In Spanien leben zwei Schwestern, von denen eine Brustkrebs hat, die andere jedoch gesund ist.[13] Du begreifst daher auf Anhieb, dass es neben unseren guten oder schlechten Genen noch andere Einflussgrößen geben muss.

Das Verständnis dieser Einflussgrößen hat einen völlig neuen Zweig der Molekularbiologie hervorgebracht, die sogenannte Epigenetik. Das menschliche Epigenom kann man sich als eine ganze Palette von chemischen Markierungen und Proteinen vorstellen, die sich an unsere Gene anlagern und dafür sorgen, dass manche Genstrukturen gelesen und ausgeführt, andere jedoch geblockt werden. Für das Zusammenspiel von Genom und Epigenom hat man einleuchtende Bilder gefunden: David Sinclair beschreibt das Genom als eine Klaviatur, auf der das Epigenom wie ein Pianist spielt.

---

12 Siehe Ingo Froböse: Die Gesundheitsformel der 100-Jährigen. ZS Verlag 2020, S. 20 ff.

13 Siehe Peter Spork: Der zweite Code. Rowohlt 2009, S. 91 ff.

Aus Hadis Bibliothek

David Sinclair: Lifespan. Why We Age – and Why We Don't Have To. Atria 2019.[14]

David Sinclair erklärt das Altern aus der Sicht der Genetik und beschreibt die Vorgänge auf zellulärer und intrazellulärer Ebene (DNA und entsprechende Mechanismen). Das Buch geht mitunter in die Tiefe, bleibt dabei jedoch stets gut verständlich. David Sinclair glaubt, dass Altern verlangsamt, gestoppt, ja sogar ungeschehen gemacht werden könnte. Unsere Zellen enthalten demnach alle Informationen einer jungen Zelle, ein degeneriertes Epigenom verhindert jedoch, dass sie ausgelesen werden können. Die Daten des Jungseins liegen also gewissermaßen auf einer zerkratzten CD, die wieder gereinigt werden muss. Sinclair beschäftigt sich auch mit den sozioökonomischen Aspekten der Langlebigkeit und fordert einen politischen, kulturellen und ökonomischen Wandel, um einer zunehmend steigenden Lebenserwartung gerecht zu werden.

Eine Passage aus dem Buch, die ich selbst übersetzt habe: „Bedenken Sie bitte: Während Rauchen das Risiko, an Krebs zu erkranken, um das Fünffache erhöht, erhöht sich das Krebsrisiko im Alter von 50 Jahren um das Hundertfache. Mit 70 ist es bereits das Tausendfache. Diese exponentiell steigende Wahrscheinlichkeit gilt auch für Herzerkrankungen. Und Diabetes. Und Demenz. Diese Liste lässt sich fortsetzen. Dennoch kenne ich kein Land auf der Welt, das nennenswerte Ressourcen zur Verfügung gestellt hat, um seinen Bürgern bei der Bekämpfung des Alterns zu helfen."

David Sinclair ist 54 Jahre alt, trotzdem bescheinigen ihm Journalisten ein „Lausbubengesicht". Auf die Frage des Journalisten Lorenz Wagner, was er denn an Zusatzmitteln nehme, antwortete er:

---

14 Das Buch ist auch auf Deutsch erschienen: David Sinclair: Das Ende des Alterns. Die revolutionäre Medizin von morgen. DuMont 2020.

„• 1 Gramm NMN. Nicotinamid-Mononukleotid. Weiße Farbe, kristallin, in einer Kapsel, aus dem eigenen Labor.

- ½ Gramm Resveratrol, auch aus Eigenproduktion, auch weiß, immer in Joghurt. Das Pulver nerve ein wenig, weil es sich nicht auflöst. Wie Ziegelsteinstaub. Und am Abend
- 1 Gramm Metformin. Ein Diabetesmittel, das, so Studien, gegen Demenz, Krebs und Herzerkrankungen wirke. ‚Ich wette, ein Drittel meiner Kollegen nimmt es.'"[15]

Im weiteren Fortgang seines Artikels erläutert Wagner, dass die Forschung zu Langlebigkeit ein vielversprechendes Geschäftsmodell geworden ist: „Gentechnik und Stammzellforschung sollen für die Menschheit werden, was einst Impfungen und Antibiotika waren. Die besten Universitäten forschen daran, MIT, Oxford, Stanford, Harvard; Pharmakonzerne machen bereits klinische Tests mit Medikamenten; und Investoren haben bereits 2018 ihren Einsatz in *Longevity*-Start-ups auf 800 Millionen Dollar verdoppelt. An Sinclairs *Life Biosciences* gingen 75 Millionen."[16]

Peter Spork, ein Biologe und Wissenschaftsjournalist, bezeichnet unsere DNA als Hardware und das Epigenom als Software.

---

15 Lorenz Wagner: Für immer jung! In: *SZ Magazin*, 12.09.2019: https://sz-magazin.sueddeutsche.de/gesundheit/david-sinclair-harvard-alter-forschung-jung-bleiben-87755 (abgerufen am 24.04.2024).

Auf Resveratrol komme ich später noch zu sprechen (siehe Kapitel „Die Höhen und Tiefen des Lebens"). Wie auch NMN aktiviert es den Zellstoffwechsel und wirkt der Alterung von Muskeln und Gewebe entgegen. Beobachtbar ist, dass junge Menschen einen deutlich höheren NAD+ Spiegel aufweisen als ältere. NMN wird im Körper zu NAD+ umgewandelt. Versuche an Mäusen haben eine erstaunliche Verjüngung ergeben. Allerdings sind Menschen keine Mäuse, daher lassen sich keine weitergehenden Folgerungen daraus ziehen, nur Hoffnungen. Metformin ist ein Diabetes-Medikament (siehe Kapitel „Hormesis"). Es stabilisiert den Blutzuckerspiegel und die Insulinproduktion. Ein sekundärer Effekt scheint ein besserer Schutz vor Herz- und Gefäßproblemen sowie Demenz und Krebs zu sein. Auch dies ist jedoch noch nicht abschließend erforscht.

16 Ebd.

Aus Hadis Bibliothek

Peter Spork: Der zweite Code. Rowohlt 2009.

Der Biologe Peter Spork hat sich bereits frühzeitig mit der Thematik beschäftigt und beschreibt das Epigenom als einen zweiten Code, der unsere Lebensfunktionen und unser Altern steuert. Das Epigenom sei vererbbar und statte so jeden Menschen mit einem umweltangepassten Programm aus. Allerdings fänden dort auch Traumata und Notzeiten einen Niederschlag und so ihren Weg zu den Nachkommen. Entscheidend für die Bildung und Stabilisierung des Epigenoms seien die frühen Lebensmonate, die einem Menschen einen Fundus gäben, mit dem er haushalten könne bzw. müsse. Spork gelingt ein informativer Überblick, der vor allem die psychosozialen Konsequenzen betont.

„Was Sie heute Mittag gegessen haben, hat irgendwie seinen Weg zu Ihrem Erbgut gefunden. Wir wissen heute nur noch nicht, wie." (Rudolf Jaenisch, S. 84)

„Die Natur hat es also geschafft, die Außenwelt gezielt an ihr Innerstes – das Erbgut – heranzulassen. ‚Die Epigenetik ist die stoffliche Basis für die Kommunikation zwischen Umwelt und Genom', sagt es kurz und prägnant Albert Jeltsch, Biochemiker von der Jacobs University in Bremen." (S.46 f.)

Mancher wird sich erinnern, dass es immer wieder eine Kontroverse über die Frage gab, was nun einen Menschen wesentlicher bestimme, sein genetisches Erbe oder Umwelteinflüsse. Das Konzept der Epigenetik gibt eine physiologische Antwort: Das Epigenom ist ein Erinnerungsspeicher, in dem ererbte sowie sozial, kulturell, familiär etc. erworbene Steuerungsmechanismen gesammelt sind.

Sie erinnern sich? Der Pionier der Altersmedizin Hans Franke hatte festgestellt, dass Hochbetagte vielfach aus Familien stammen, deren Mitglieder ebenfalls sehr alt werden oder geworden sind. Wenn die Gene nicht dafür namhaft zu machen sind, dann könnte eine vorteilhafte epigenetische Ausstattung dafür verantwortlich sein.

Was möchtest du zuerst hören, lieber Freund, die gute oder die schlechte Nachricht? Meinetwegen, hier ist die schlechte Nachricht zuerst: Deine guten Gene kannst du in der Pfeife rauchen! Und die gute: Dein Epigenom ist veränderbar, du hast selbst in der Hand, was du aus deiner genetischen Veranlagung machst. Allerdings, und hier komme ich wieder auf die Empfehlungen zurück, die sich als Summe aus den unterschiedlichsten Büchern und Erklärungsansätzen ergeben, das Mantra von Gesundheit und Langlebigkeit lautet:

- Nicht rauchen, wenig Alkohol
- Gute Ernährung
- Kein Übergewicht
- So viel Bewegung wie irgend möglich

Eine ungesunde Lebensweise raubt uns die meiste Lebenszeit:

- Starker Alkoholgenuss (Frauen minus 23,1, Männer minus 16,2 Jahre)
- Rauchen (Frauen minus 22, Männer minus 18,2 Jahre)
- Bluthochdruck (Frauen minus 12,4, Männer minus 7,4 Jahre)
- Diabetes Typ 2 (Frauen minus 20,8, Männer minus 21,4 Jahre)[17]

Die DNA, also das Piano, bleibt im Lauf des Lebens ziemlich stabil, den Zugang zu dieser Ausstattung und ihre Bedienung haben wir als die Pianospieler aber weitgehend selbst in der Hand. Übrigens versucht man auch zu ergründen, ob sich mit diesem Ansatz psychische Erkrankungen verstehen lassen. Florian Holsboer vom Max-Planck-Institut für Psychiatrie hat beispielsweise Depressionen als eine Stoffwechselstörung des Gehirns bezeichnet und sie damit auf eine Stufe mit Diabetes gestellt, der ihm als eine Störung des Energiestoffwechsels gilt.[18] Die Deutsche Depressionshilfe empfiehlt daher „Joggen

17 Vgl. Spork, a. a. O., S. 129 ff.

18 Ebd., S. 120 f.

gegen Depression“[19]. Die These von Holsboer und anderen ist, dass sich Traumata und andere schädliche Einflüsse ebenso im Epigenom niederschlagen wie physiologische Faktoren. Die psychische Störung findet darin einen körperlichen Ausdruck.

Holsboer hat dazu Augenzeugen des Terroranschlags vom 11. September 2001 in New York untersucht und eine Überaktivität von Stressgenen festgestellt. Hieraus kann man zweierlei Schlüsse ziehen: Es wird sich vielleicht einmal eine biochemische Substanz finden, mit der diese Schädigung positiv beeinflusst werden kann. Auch klassische psychotherapeutische Techniken leisten letztendlich eine „Umprogrammierung“, die schon deshalb gute Perspektiven hat, weil sich unser Epigenom verändern kann. Das heißt: Erworbene psychische Einschränkungen lassen sich heilen, sie sind kein körperliches Schicksal.

Einen wichtigen Beitrag zum Verständnis des Alterns hat die Nobelpreisträgerin Elizabeth Blackburn geleistet. Blackburn ist Molekularbiologin und hat ihre Forschungen an einem Einzeller, der sogenannten Entengrütze, begonnen. Diese Pflanze bot ihr Material in Hülle und Fülle. Ihre besondere Aufmerksamkeit galt den Chromosomen, das sind DNA-Moleküle, die der besseren Handhabung wegen in Proteine verpackt sind. An den Enden der Chromosomen sitzen sogenannte Telomere – wie Kappen auf unseren Schnürsenkeln. Diese Telomere haben dieselbe Funktion wie das Anfangs- und Endbit bei der Übertragung von digitaler Information. Das erste Bit sagt: „Alles was nach mir kommt, ist wichtige Information.“ Das Endbit sagt: „Ende der Fahnenstange, das war’s.“ Zugleich schützen die Telomere die empfindliche Struktur der Information, indem sie ungeplante Zugriffe abwehren. In Ihrem TED-Talk vom April 2017 beschreibt Blackburn das spezielle Problem dieser Kappen so: „Aber es gibt beim Kopieren der DNA eine Panne. Es ist einfach eine Gegebenheit des Lebens. Bei jeder Zellteilung und DNA-Duplikation baut sich ein Stück der DNA am Ende ab, und sie wird kürzer. Ein Stück der Te-

19 Siehe www.deutsche-depressionshilfe.de/unsere-angebote/fuer-betroffene-und-angehoerige/laufen-gegen-depression-765 (abgerufen am 24.04.2024).

lomer-DNA. Stellen Sie sich das wie die Schutzkappen Ihrer Schnürsenkel vor. Sie verhindern das Ausfransen der Schnürsenkel oder des Chromosoms. Wenn diese Kappe zu kurz wird, fällt sie ab. Dieses abfallende Telomer sendet ein Signal an die Zelle: ‚Die DNA ist nun ungeschützt.' Es sendet ein Signal: Zeit zu sterben. Das war's."[20]

Man kann es ganz einfach ausdrücken: Die Verkürzung der Telomere ist gleichbedeutend mit dem Altern. Je länger die Telomere eines Menschen sind, desto älter kann er werden. Blackburn fand ebenfalls heraus, dass dieser Prozess der Verkürzung durch ein Enzym rückgängig gemacht werden kann. Sie nannte das Telomerase: Es baut die Telomere wieder auf. Haben wir damit nun ein probates Mittel, um das Altern umzukehren? Ja und nein! Die Telomerase beugt einigen Krankheiten vor, sie erhöht jedoch auch das Risiko für eine Krebserkrankung drastisch, denn auch degenerierte Zellen würden von der Telomerase profitieren.

Blackburn hat nun ihre Untersuchungen zusammen mit der Psychologin Elissa Epel ausgeweitet und herausgefunden, dass ein Teil der Mütter, die durch die Betreuung von kranken Kindern unter enormem Stress leiden, verkürzte Telomere aufweisen. Wir haben hier also einen epigenetischen Effekt: Externe Einflüsse wirken direkt auf unsere Zellstrukturen ein. Da jedoch ein kleiner Teil der Untersuchungsgruppe keine solchen Effekte zeigte, war klar, dass dieser Prozess mit der notwendigen mentalen Verfassung abzuwehren ist bzw. durch das Erlernen von Resilienztechniken umkehrbar ist.

---

20 Elizabeth Blackburn: The science of cells that never get old. TED-Talk, April 2017. www.ted.com/talks/elizabeth_blackburn_the_science_of_cells_that_never_get_old/transcript?language=de (abgerufen am 24.04.2024), ab 02:52 ff. Ich gebe hier die originale Übersetzung wieder.

Aus Hadis Bibliothek

Elizabeth Blackburn, Elissa Epel: Die Entschlüsselung des Alterns. Der Telomer-Effekt. Mosaik 2017.

Blackburn und Epel beschreiben in diesem Buch die oben genannten Untersuchungen. Eine Verkürzung der Telomere löst Entzündungen in unserem Körper aus, die uns anfällig für Krankheiten und hinfällig machen. Ab einem gewissen Stadium der Verkürzung sterben die Zellen, sie sind nicht mehr in der Lage, sich zu teilen. Nikotin, falsche Ernährung und verschiedene Stressfaktoren beschleunigen die Alterung der Zellen. Bluthochdruck, metabolisches Syndrom, Adipositas und eine pessimistische Lebenshaltung verkürzen die Telomere und damit auch die Lebenserwartung eines Menschen. Eine erneute Verlängerung der Endkappen gelingt durch eine Veränderung des Lebensstils und helfende Techniken, mit deren Hilfe schädliche äußere Einflüsse verarbeitet werden können.

„Wir werden Ihnen eine völlig neue Sichtweise der menschlichen Gesundheit vorstellen. Wir werden das Phänomen Gesundheit auf der zellulären Ebene betrachten, um Ihnen zu zeigen, was vorzeitige Zellalterung bedeutet und welche Verwüstungen sie in Ihrem Körper anrichtet – und Ihnen nicht nur erklären, wie sie sich verhüten lassen, sondern auch, wie man sie rückgängig machen kann. Wir werden sehr tief in das genetische Herz der Zelle eindringen – das Chromosom. Dort begegnen wir den Telomeren, sich wiederholenden, nicht-codierenden DNS-Abschnitten an den Enden der Chromosomen. Telomere, die bei jeder Zellteilung kürzer werden, beeinflussen, wie schnell Zellen altern ..." (S. 20 f.)

„Du wirst doch jetzt nicht auch noch deine Telomere untersuchen lassen?", fragte mein Freund.

„Genau das habe ich vor", erwiderte ich.

Die Höhen und Tiefen des Lebens – Inside Hadi Saleh

Seit meinem Schockerlebnis bei und nach meiner Willkommensparty bin ich sportlich sehr aktiv gewesen. Die folgende Liste präsentiere ich durchaus mit Stolz:

- 2019 Berlin Halbmarathon (1:55:45)
- 2019 Sport Scheck Halbmarathon (1:48:21)
- 2019 Berlin Marathon (3:55:10)
- 2020 und 2021 war ich wegen COVID zu keinem Lauf mit Zeitmessung gemeldet, bin aber regelmäßig gelaufen. 2020 ist der Berlin Marathon erstmals in seiner Geschichte ausgefallen, als er dann 2021 wieder stattfand, hatte ich Sorge, mich bei 40.000 Menschen auf engstem Raum anzustecken.
- 2022 Berlin Halbmarathon (1:43:47)
- 2022 Rennsteig Marathon (4:14:50)
- 2022 Berlin Marathon (3:33:57)
- 2023 Berlin Marathon (3:31:01)

Aus Hadis Recherchen

Man in black!

Foto: © Dr. Hadi Saleh

Das Bemühen um Gesundheit und Aktivität will ich nicht einem guten oder schlechten Gefühl überlassen, deshalb arbeite ich mit einer ganzen Reihe von Geräten (bitte nicht erschrecken!), sogenannten *Wearables*, also am Körper getragenen Hilfsmitteln:

- *Garmin Forerunner 935* für mein Lauftraining und meine Leistungsfähigkeit. Die Uhr misst auch die Herzfrequenz und die maximale Sauerstoffmenge unter Belastung, den sogenannten VO2max-Wert. Dazu bewertet sie die Qualität meines Schlafs, zählt Schritte und erfasst Treppen u.v.m.
- Ein Powermeter am Schuh drückt meine Laufleistung in Watt aus.
- Das Fitnesstracker *Whoop* zeichnet Belastung und Regeneration auf, die ich täglich in einem Logbuch der dazugehörigen App festhalte. Ich lerne dadurch vor allem, was meine Erholung fördert und meinen Schlaf positiv beeinflusst.
- Die *SuperSapiens*-App mit dem *Abbott Freestyle Libre* Glukosemesser erfasst fortlaufend meine Blutzuckerwerte. Ich erfahre dadurch, wie mein Körper auf verschiedene Nahrungsmittel reagiert. (Ich werde später einige Grafiken zeigen, die diese Wirkung dokumentieren.)

Ich pausiere mit diesen Geräten eigentlich nur, wenn sie aufgeladen werden müssen. Die Garmin-Uhr muss alle zwölf Tage an das Netzteil, das *Whoop*-Armband kann sogar beim Tragen aufgeladen werden. Im Sommer habe ich wegen der Armbänder weiße Ringe um das Handgelenk, denn diese Geräte begleiten mich ständig.

Um den Blutzucker messen zu können, muss ein Sensor an der Rückseite des Oberarms, am Trizeps, angebracht werden. Der Sensor ist rund und hat etwa die Größe eines Zweieurostücks. Er wird mit einem sogenannten Applikator aufgebracht, dazu wird er an der vorbereiteten Stelle platziert und fest auf die Haut gedrückt. Dabei wird ein dünnes, biegsames, steriles Filament direkt unter die Haut geschoben. Der Sensor bleibt problemlos haften, er klebt am Oberarm. Damit lassen sich meine Blutzuckerwerte in der zugehörigen App ablesen. Ich spüre keine Behinderung dadurch. In der Vorbereitung für einen Marathon kann ich damit überprüfen, ob ich noch über ausreichend Energie verfüge. Langstreckenläufer nehmen Gels zu sich, um ihre Leistung halten zu können. Diese Gels sind eine sehr süße Angelegenheit. Man benötigt etwa 30 Gramm. Die Portion ermittelt sich aus einem Erfahrungswert, demzufolge ein Erwachsener jede Stunde zwischen 60 und 90 Gramm Kohlenhydrate oder Zucker zu sich nehmen sollte, am besten als Gemisch aus Glukose und Fruktose. Allerdings empfiehlt es sich, als Läufer vorher zu testen, ob man dieses Gemisch auch gut verträgt, manche bekommen nämlich Verdauungsprobleme davon. Man ist also gut beraten, bereits vor dem Rennen herauszufinden, wann und in welchem Maß der Blutzucker absinkt und wie häufig und in welcher Menge die Einnahme der Gels hilfreich ist. Ich hatte schon im Training ausreichend Erfahrung dazu gesammelt.

Der zweite Effekt, der mir wirklich die Augen geöffnet hat, war mitzuverfolgen, wie mein Körper auf unterschiedliche Nahrungsmittel reagiert. Dazu später.

Bislang hat sich das Gerät bewährt. Der Sensor muss allerdings 14-tägig ausgetauscht werden. Dabei geht schon mal etwas schief. Im Urlaub beispielsweise habe ich vergessen, einen Ersatzsensor mitzunehmen, aber eine lückenlose Überwachung ist ohnehin nicht mein Ziel. Mir genügt es, um den Trend zu wissen. Leider kommt es immer wieder vor, dass ein Sensor defekt ist oder sonst wie nicht richtig funktioniert. Das ist ärgerlich, denn die Sensoren sind relativ teuer, zwei davon kosten immerhin knapp 150 Euro. Allerdings ist der Hersteller sehr kulant, bisher habe ich noch jedes Mal einen Ersatzsensor bekommen.

Ansonsten sollte man die rückgelieferten Werte seiner Fitnesstracker immer hinterfragen. Meine Garmin-Uhr hat mir ein Fitnessalter von 20 Jahren bescheinigt. Das freut mich zwar, aber ich glaube es nicht. Auch die Auswertung meiner Trainingseinheiten geht öfter mal daneben, ihre Skala reicht von der Bewertung „unproduktiv“ über „Formerhalt“ und „Formaufbau“ bis zu „Höchstleistung“. Ich habe dann „unproduktiv“ auf der Uhr stehen, was definitiv nicht stimmt, weil mein absolviertes Intervalltraining produktiv gewesen sein muss. Wichtig ist, dass man der Technik mit einem gesunden Maß an Skepsis und Selbstkritik begegnet, dann bleibt sie in jedem Fall ein wichtiges Korrektiv.

Im Frühjahr 2023 habe ich folgende Untersuchungen an mir vornehmen lassen:

- Ganzkörper-MRT, um Anomalien oder Tumore zu erkennen, besonders Aneurysmen im Kopf. Aneurysmen sind Ausbuchtungen der Arterien, die darauf hindeuten, dass das Blutgefäß an dieser Schwachstelle platzen könnte. Auch Multiple Sklerose oder Anzeichen von Demenz werden bei solchen Untersuchungen erkannt.[21]

Aus Hadis Recherchen

IMPRESSION:

1. No significant brain volume loss
2. Minimal nonspecific white matter change. likely representing microvascular ischemic disease
3. Probable small left maxillary sinus mucous retention cyst, as described above
4. Normal non-contrast brain MRA, no obvious aneurysm or significant stenosis

- Balance-Test mit geschlossenen Augen, um Störungen des Gleichgewichtssinns und damit ein erhöhtes Risiko für Stürze zu ermitteln. Der Test ist besonders bei älteren Menschen hilfreich.[22]

---

21 Siehe z. B. www.aerzteblatt.de/archiv/76322/Moeglichkeiten-und-Grenzen-der-Ganzkoerper-MRT (abgerufen am 24.04.2024).

22 Siehe z. B. www.hno-aerzte-im-netz.de/untersuchungen/gleichgewichtspruefungen.html (abgerufen am 24.04.2024).

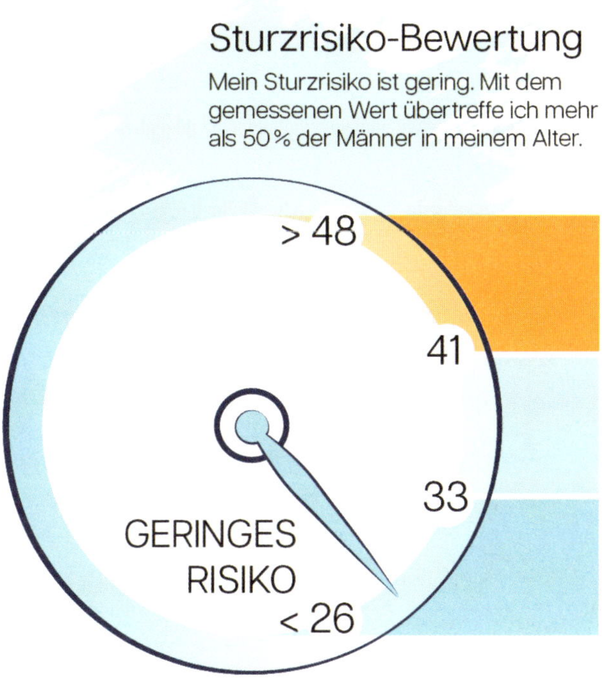

Mein Sturzrisiko ist gering. Mit dem gemessenen Wert übertreffe ich mehr als 50 Prozent der Männer in meinem Alter.

- Vollständige Blutuntersuchung zur Erkennung von Stoffwechselstörungen des Blutes, der Leber, der Nieren und der Bauchspeicheldrüse. Erfasst und bewertet werden darüber hinaus der Fettstoffwechsel, der Blutzucker sowie der Status von Vitaminen oder Spurenelementen.[23]

---

23 Siehe z. B. www.ruv.de/gesundheit/grosses-blutbild (abgerufen am 24.04.2024).

Aus Hadis Recherchen

Meine Laborwerte

Untersuchung	Ihr Ergebnis	Zielbereich*
LDL-Cholesterin	**129**	< 40-70
Apolipoprotein (ApoB)	**104**	< 35-60
Lipoprotein (a)	**78**	< 75
HDL	77	< 40
Triglyceride	62	< 100
HgA1C	**5,6**	< 5,3
Insulin	3,6	< 5
hs-CRP	**1,5**	< 0,5
Harnsäure	**6,4**	< 6,0 (M) < 5,5 (F)
ALT	**27**	< 25
Ferritin	**501**	40-150

*Der Zielbereich entspricht nicht den in Labors üblichen Normbereichen, sondern den von der Einrichtung in den USA festgelegten Idealwerten.

Ich weiß, dass ich eine genetische Prädisposition für einen erhöhten Cholesterinwert habe. Man unterscheidet oft zwischen gutem und schlechtem Cholesterin. Das LDL gilt als das schlechte Cholesterin, es ist in obiger Tabelle als deutlich zu hoch ausgewiesen. Das HDL wird als das „gute" Cholesterin bezeichnet, auch dieser Wert lag bei mir über der Normalgrenze. Man muss das aber differenzieren: LDL ist nicht per se schlecht und das HDL nicht per se gut. Es handelt sich bei beiden um Lipoproteine, die Cholesterin transportieren. Das

Cholesterin selbst unterscheidet sich nicht, nur der Träger ist ein anderer. Das Verhältnis der beiden zueinander macht es aus, und das wiederum war bei mir in Ordnung.

Auffällig ist noch der Apolipoprotein B-Wert. Das Protein gehört zu den Blutfetten und zeigt in dieser Höhe ein Risiko für Atherosklerose. Den überhöhten Ferritinwert habe ich von Geburt an. Diese Stoffwechselstörung ist jedoch unbedeutend. Nach einem Marathon gehe ich zum Blutspenden. Das senkt den Wert.

- Test zur Identifizierung von zirkulierender Tumor-DNA im Blut. Eine Reihe von Tumoren sondern frühzeitig DNA in den Blutstrom ab. Durch Gensequenzierung können sie ausfindig gemacht werden. Der Test heißt Galleri des Herstellers Grail, ist aber zurzeit ausschließlich in den USA verfügbar.[24] Das Prüfverfahren ist bislang noch nirgendwo zugelassen. Um seine Aussagekraft kennenzulernen, habe ich mich dem auf eigenes Risiko unterzogen.

Aus Hadis Recherchen

- Kardio-Computertomografie (CT) nach Spritzen eines Kontrastmittels. Die Auswertung erfolgt mit Unterstützung durch Künstliche Intelligenz (KI). Die CT dient dem Erkennen von sogenannten *Soft Plaques*, das sind Fettablagerungen in den

24 Siehe z. B. www.tagesschau.de/wissen/gesundheit/weltkrebstag-bluttest-101.html (abgerufen am 24.04.2024).

Herzkranzgefäßen, die noch nicht verkalkt sind und daher abgehen können. Die Untersuchung ist ebenfalls neu und heißt Cleerly Cardio-CT.[25] Sie ist bislang nur in den USA verfügbar.

Aus Hadis Recherchen

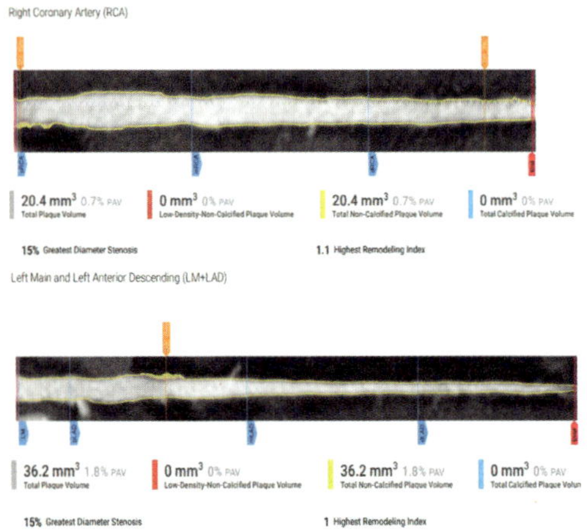

Der gelbe Pfeil deutet auf eine Plaque-Ablagerung in der Arterie hin. Da sie noch nicht verkalkt ist, kann sie sich noch lösen und abgehen. Da man mir den höchsten Remodellierungs-Index bescheinigt, ist die Wahrscheinlichkeit dafür sehr hoch.

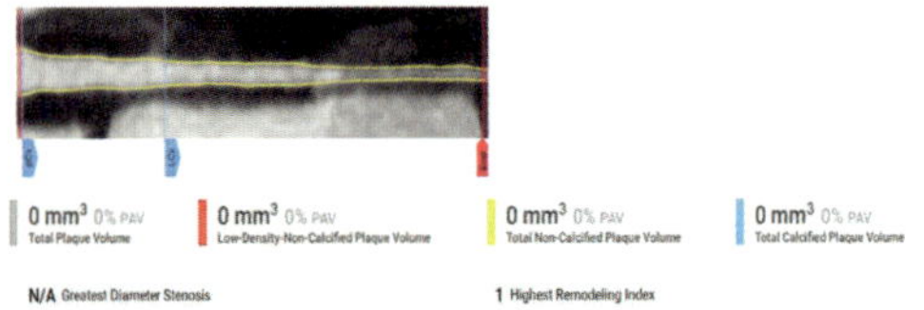

- Der DEXA-Scan misst die Knochendichte und kann dadurch Osteoporose bestimmen. Zudem erfasst man beim Ganzkörper-DEXA auch das Körperfett und die Muskelmasse.[26]

---

25 Siehe cleerlyhealth.com/heart-disease-technology (abgerufen am 24.04.2024).

26 Siehe z. B.diagnostikum.at/service/dexamessung/ (abgerufen am 24.04.2024).

Aus Hadis Recherchen

Knochendichte

Meine Werte liegen im Normbereich und es besteht kein Risiko für eine Fraktur.

Untersuchung	Ihr Ergebnis	Zielbereich
Vit D	45	> 65-85

Die gemessene Knochendichte wies kein erhöhtes Risiko für Osteoporose auf.

Das Labor, das diese Analysen vorgenommen hat, definiert eigene, in der Regel höhere Zielwerte als üblich. In dieser Perspektive wurde bei mir ein Mangel an Vitamin D festgestellt. Ein solcher Mangel beeinflusst langfristig die Knochendichte. Vitamin D ist kaum in unserer Nahrung enthalten, der größte Teil wird vom Körper selbst unter Einwirkung von Sonnenlicht gebildet. Dieser Mangel kann nur durch Einnahme von D-Supplementen behoben werden.

Gesamtkörperfett (%)

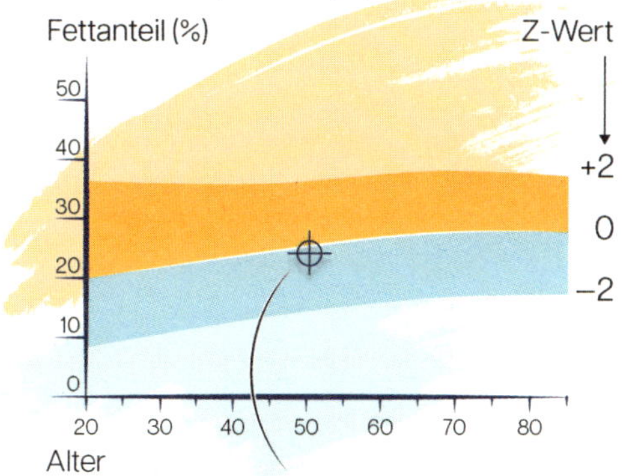

Mein Körperfett liegt mit ca. 24,4 % im oberen Normbereich.

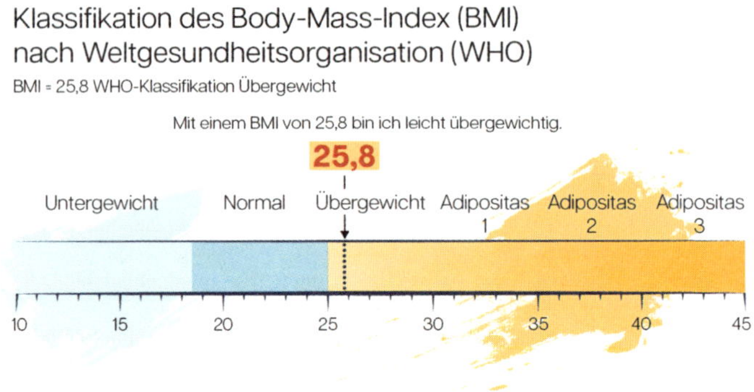

- Bestimmung des biologischen Alters[27]

Aus Hadis Recherchen

Allerdings ist der Alterungsprozess meiner Telomere beschleunigt. Während mein chronologisches Alter beim Test 50,3 beträgt, wird das meiner Telomere auf 57,03 veranschlagt.

27 Siehe z. B. www.tk.de/techniker/magazin/digitale-gesundheit/biologisches-alter-2035102 (abgerufen am 24.04.2024).

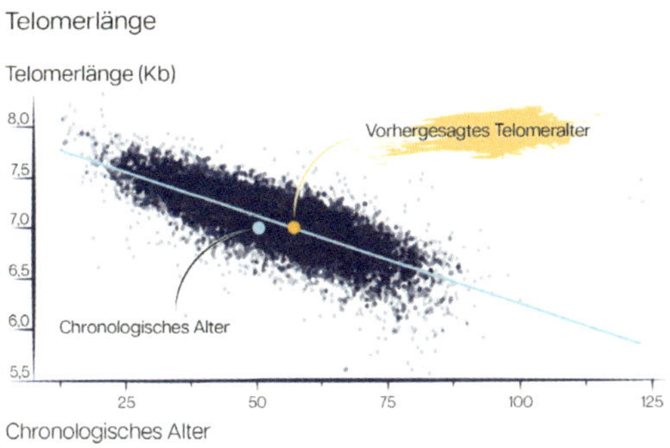

- Vollständige Genanalyse zum Ermitteln von genetischen Prädispositionen, z. B. für Alzheimer[28]

Aus Hadis Recherchen

Die Genanalyse zeigte eine ganze Reihe von Risiken, wie Leberverfettung ohne den Einfluss von Alkohol, Koronararterienverkalkung, Insulinresistenz, Bluthochdruck, Ausschlagsneigung und Bleivergiftung. Wie bereits erwähnt, sind damit nur genetische Risiken bezeichnet, die bei entsprechenden epigenetischen Einflüssen kleingehalten werden können.

28 Siehe z. B. flexikon.doccheck.com/de/Molekulargenetische_Untersuchung (abgerufen am 24.04.2024).

Im Speziellen wurde das Zusammenspiel des Arterienverkalkungsrisikos mit den erhöhten Blutfettwerten in Verbindung gebracht. Die Empfehlung lautete daher, Statine einzunehmen, die den Cholesterinspiegel senken. Dazu konnte ich mich jedoch nicht entscheiden. Ich finde das Verhältnis von HDL und LDL bei mir akzeptabel. Meine Werte werde ich regelmäßig überprüfen, um nötigenfalls doch einmal medikamentös dagegen vorgehen zu können.

- Analyse der Darmkeime: Der Darm wird oft auch das „zweite Gehirn“ genannt, da viele Prozesse über den Darm gesteuert werden und dieser auch die Gemütslage beeinflussen kann.[29] Die Aussagekraft dieses Tests ist allerdings nicht anerkannt.[30]
- Darmspiegelung als Vorsorge für Darmkrebs bei Personen mittleren Alters[31]
- Hautkrebs-Screening[32]
- Urologische Vorsorge zum Ausschluss von Krankheiten an den Nieren, den harnableitenden Strukturen, der Blase und der Prostata[33]

Spätestens jetzt fragen Sie sich, ob ich noch richtig ticke. Ich bin darauf vorbereitet. Zunächst einmal dies: Ich bin Arzt. Die Medizin ist gehalten, auf der Grundlage von empirischen Daten Behandlungen

29 Eine populäre und gut lesbare Darstellung bei Giulia Enders: Darm mit Charme. Ullstein 2014. Über das Mikrobiom siehe dort S. 153 ff.

30 Siehe www.dgvs.de/wp-content/uploads/2018/09/PM_2018_09_Stuhltests-Mikrobiom.pdf (abgerufen am 24.04.2024).

31 Ein Muss! Siehe www.felix-burda-stiftung.de/darmkrebsvorsorge/frueherkennung/darmspiegelung (abgerufen am 24.04.2024).

32 Ebenfalls ein Muss! Siehe www.kbv.de/html/hautkrebsvorsorge.php (abgerufen am 24.204.2024).

33 Siehe z. B. www.urologielehrbuch.de/koerperliche_untersuchung.html (abgerufen am 24.04.2024).

vorzunehmen. Der Arzt recherchiert zunächst, was an Studienmaterial zu dem von ihm ins Auge gefassten Thema vorliegt. Anschließend bewertet er das Vorgefundene und wird sich für eine Methode entscheiden, die ihm am meisten abgesichert erscheint. Man spricht hier von evidenzbasierter Medizin. In diesem Umfeld habe ich mich in meiner ärztlichen Praxis immer schon bewegt. Ich halte den Patienten gegenüber nur das für medizinisch vertretbar, was sich durch empirische Daten oder sonstige Erfahrungswerte auch wirklich belegen lässt. Als ich begonnen habe, mein eigenes Gesundheitsverhalten zu problematisieren, wollte ich zunächst einmal so viel wie möglich über meinen Körper lernen, um auf der Grundlage von Daten die Richtung zu bestimmen. Auch Pfade, die sich als Irrwege erwiesen haben, wie meine Diätversuche (dazu später!), haben einen Erkenntniswert. Ich wollte möglichst viel selbst versucht haben, und als mein eigenes Versuchskaninchen bin ich ein Studienobjekt, das von seinem Studienleiter immer gut behandelt worden ist: Nur wenn es mir wohl ergeht, bin ich auf dem richtigen Pfad!

Natürlich bedarf es dazu einer Motivation, wie ich sie mitbringe: Neugier und den Antrieb, Daten zu sammeln, auf deren Basis ich mein Verhalten ausrichte. Ich zweifle an allem, es sei denn, ich kann es messen. Meine Devise lautet: Der Medizin muss niemand glauben, nur ihren Wirkungen. Ich gebe jedoch ohne Weiteres zu, dass mich ein Optimierungswille immer schon angetrieben hat. Das gilt auch für berufliche Bereiche. Ich habe bereits erwähnt, dass ich ein sogenannter Zero-Inbox-Typ bin. Am Ende des Tages befinden sich keine E-Mails mehr in meinem Posteingang, alle sind in irgendeiner Form bearbeitet. Idealerweise prüfe ich jede E-Mail nur einmal und entscheide, ob eine Aktion notwendig ist oder nicht. Ist die E-Mail nur zur Information, lege ich sie ab und schaue erst dann noch einmal hinein, wenn es wirklich notwendig ist. Ist eine Aktion geboten, wandle ich die Anforderung sofort in einen Kalendereintrag um. Mein Kalender regelt alle Aktivitäten. Was sich jedoch innerhalb von zwei Minuten erledigen lässt, arbeite ich sofort weg. Die Erfahrung zeigt, dass man diese zwei Minuten in 95 Prozent der Fälle übrig hat. Ich denke, Sie spüren, dass dieses Vorgehen auf einem System beruht. Richtig! Es nennt sich *Getting Things Done*, abgekürzt GTD, und wurde von David Allen entwickelt.

Aus Hadis Bibliothek

David Allen: Wie ich die Dinge geregelt kriege. Selbstmanagement für den Alltag. Piper 2014.

In diesem Buch erläutert Allen die Grundzüge seines Selbstmanagementsystems, um die Aufgaben des Alltags in den Griff zu bekommen. Diese Aufgaben werden möglichst vollständig in Listen erfasst. Die Idee ist, keine leeren Zyklen zu produzieren, indem man im Kopf ständig das Knäuel der Verpflichtungen entwirrt und rekapituliert, sondern alles in ein System zu fassen und damit aus dem Kopf auszulagern. Das erleichtert ungemein!

Zunächst werden die Aufgaben benannt und an so wenigen Orten wie möglich gesammelt. Im zweiten Schritt werden sie durchgearbeitet: Will oder muss man etwas dafür tun, wenn ja, mit welchem Ergebnis und welcher nächsten Maßnahme? Organisiert wird auf dem Papier oder dem Computer, niemals im Kopf. Eine wiederkehrende Überprüfung dieser To-do-Listen hält sie aktuell. Je nach Notwendigkeit und eigenen Möglichkeiten werden die erfassten Aufgaben durchgeführt.

An Listen führt man eine für Aktionen, die so formuliert sind, dass sie ohne Weiteres ausgeführt werden können. Projektlisten fassen den Zweck eines Vorhabens in verschiedenen Schritten und mit einer klaren Zielvorgabe zusammen. Der Kalender fordert zeitgebundene Aktionen ein. Eine letzte Liste hält fest, welche Nachverfolgung für delegierte Aufgaben notwendig ist. Gelungen ist die Einrichtung eines GTD-Systems dann, wenn man seinen Alltag in ruhiger Gelassenheit bewältigt.

Ein einfaches Beispiel: Mein Kalender erinnert mich daran, zum Joggen aufzubrechen. Mein Ziel ist es, den Berlin Marathon zu bestreiten, und ich habe daher meine Vorbereitung in verschiedene Trainingsphasen heruntergebrochen. Heute steht eine Intervalleinheit an, zehn Minuten aufwärmen, dann den Knopf meiner Uhr drücken, sodass das Programm abläuft: 400 Meter in einer Geschwindigkeit zwischen vier Minuten und vier Minuten, zehn Sekunden, dazwischen drei Minuten lockeres Traben und das Ganze insgesamt zwölfmal. Die Uhr piept, ich renne los und beim nächsten Signal weiß ich, dass ich mich drei Minuten ausruhen kann. Ich tue es einfach, weil ich diesen Plan genau durchdacht und fixiert habe. Würde ich nun beim Signalton meines Kalenders erst mal aus dem Fenster sehen, das Wetter prüfen, in mich hineinhorchen, ob ich heute wirklich laufen will, würde ich mich in eine Selbstblockade manövrieren. Es hält den Geist frisch und den Kopf frei, wenn man Entscheidungen, die man bereits getroffen hat, nicht immer wieder neu durchmühlt. Diese ständige Wiedervorlage, das Zweifeln und Zaudern, zieht einem den Lebensnerv! Einfachheit und Klarheit, darum geht es!

Zurück zu meinen Geräten und Untersuchungen: Um an mir arbeiten und mich optimieren zu können, brauche ich eine Datenbasis. Sie stärkt meinen inneren Kompass, weil ich mich auf der Höhe des mir verfügbaren Wissens bewege. Sie erspart mir aber auch nichts, weil sie mir den Spiegel vorhält. Natürlich wäre es schön, wenn wir allein durch ein intaktes Körpergefühl die richtigen Entscheidungen treffen könnten. Ich glaube, jeder spürt da Defizite, daher ist es unbedingt hilfreich, die eigenen Antriebe neu zu schulen und dadurch die Kontrolle über den eigenen Körper zurückzugewinnen. Wir sind schon längst keine bloßen Naturwesen mehr, auch unsere intuitiven Nahrungspräferenzen sind kulturell überformt. In dieser Situation hilft der Spezies Mensch weiter, was ihr den Vorsprung gegenüber allen anderen Arten verschafft hat, nämlich sich des Verstandes zu bedienen.

Die Untersuchungen hatten eine ganze Reihe von Problembereichen aufgedeckt, die ich durch Supplemente auszugleichen versucht habe:

- Resveratrol (500 mg)
  Resveratrol ist eine Phytochemikalie, die Sirtuine[34] genannte Enzyme aktiviert. Sirtuine sind für die Zellreparatur zuständig. Resveratrol wird eine ganze Reihe von gesundheitsfördernden und lebensverlängernden Wirkungen bescheinigt. Natürlicherweise kommt Resveratrol in roten Weintrauben, Himbeeren, Heidelbeeren, Äpfeln, Kakao und Erdnüssen vor. Außerdem ist der Stoff im Rotwein zu finden und soll für die Herzgesundheit der Rotweintrinker sorgen. Das ist die gute Nachricht. Die schlechte: Bevor es Ihnen gelungen ist, das für Ihre Langlebigkeit nötige Quantum Resveratrol durch Rotweingenuss zu sich zu nehmen, hat Sie der Alkoholismus ins Grab gebracht. Resveratrol als Supplement wird aus dem japanischen Staudenknöterich gewonnen. Inzwischen habe ich das Mittel abgesetzt. Die Geschichte von Resveratrol klingt zwar ziemlich gut, an mir war jedoch kein Effekt feststellbar, genauer gesagt: messbar.
- Quercetin (500 mg)
  Quercetin ist ein Flavonoid (zumeist Blütenfarbstoffe), das senolytisch wirkt, es unterstützt also die Beseitigung gealterter Zellen. Quercetin findet sich beispielsweise in den Schalen von Äpfeln, aber auch in Grünkohl, Brokkoli, Schwarzen Johannisbeeren, Tomaten und anderen Obst- und Gemüsearten. Es gilt als entzündungshemmend, antiviral und antioxidativ. Antioxidantien binden sogenannte „freie Radikale", das sind bindungsfreudige Stoffwechselzwischenprodukte, die unsere Zellen schädigen können. Auch dieses Mittel habe ich inzwischen abgesetzt, weil ich keinen Effekt erkennen konnte.

34 Siehe Forschungsbericht der Max-Planck-Gesellschaft, 2007: Können Sirtuine den Alterungsprozessen entgegenwirken? www.mpg.de/319215/forschungsSchwerpunkt (abgerufen am 24.04.2024).

- Vitamin D3 (50 mg) / K2 (100 mg)
  Ein Mangel an Vitamin D3 beeinträchtigt die Knochenstabilität. Vitamin K2 sorgt dafür, dass sich vermehrt gebundenes Kalzium nicht in den Arterien ablagert. Die beiden fettlöslichen Vitamine ergänzen einander daher ideal. Diese Kombination nehme ich bis heute konsequent ein. Die Literatur dazu ist eindeutig und meinem Empfinden nach ist das Präparat einer der Gründe, warum ich selten krank werde. Sollte sich das nicht belegen lassen, hilft mir zumindest ein Placeboeffekt, der ja auch in der Homöopathie Wirkungen hervorrufen kann.
- Kurkuma (250 mg)
  Kurkuma weist eine antientzündliche Wirkung auf. Der aus der Kurkumawurzel gewonnene Wirkstoff Curcumin ist antioxidativ und wird bei vielen akuten, oft degenerativen und altersbedingten Erkrankungen eingesetzt. Entzündungsprozesse sind, wie in der wissenschaftlichen Literatur vielfach erwähnt, ein wesentliches Merkmal des Alterns. Kurkuma lässt sich in Kapselform oder auch frisch (in Bioqualität!) einnehmen. Mit frischem Kurkuma kann man auch gut kochen, in Currys findet es vielfach Verwendung. Es wirkt außerdem, wie auch das nachfolgend angeführte Vitamin B, besonders B12, einem hohen Homocystein-Wert entgegen.
- Vitamin B Komplex
  Vitamin B12 kommt ausschließlich in Fleisch und Fisch vor, weswegen Veganer den Wirkstoff als Supplement zu sich nehmen müssen. Unbekannt bleibt oft, dass das Vitamin nicht selten auch bei ausreichender Zufuhr nicht in erwünschtem Maß vom Körper aufgenommen wird. Um es verarbeiten zu können, wird ein spezielles Protein benötigt, das wegen entzündlicher Prozesse in Magen und Darm fehlen kann. Vitamin B12 wird in der Regel mit Folsäure zusammen verabreicht, weil Letztere für die bessere Verwertung sorgt.
  Da bei mir ein hoher Homocystein-Wert festgestellt wurde, der das Risiko von Venenthrombosen erhöht, bleibe ich bei dieser

Therapie. Der Erfolg gibt mir recht: Mein Homocystein-Wert ist inzwischen wieder im Normbereich.
Ein erhöhter Homocystein-Wert geht mit einem erhöhten Risiko für Herz-Kreislauf-Erkrankungen wie Schlaganfall, Herzinfarkt oder Thrombose einher – beziehungsweise Erkrankungen, bei denen Gefäßablagerungen eine Rolle spielen.

- Kreatin (5 mg)
  Kreatin ist, kurz gesagt, der Stoff, der die Muskelbildung unterstützt. Mit der Substanz lässt sich die Leistung bei Intensivtraining steigern. Die Säure wird in unserem Körper selbst produziert und hat mit Doping nichts zu tun. Kreatin wird in der Skelettmuskulatur gespeichert und von dort aus weitergegeben. Die Einnahme empfiehlt sich vor allem für Sportler und wird von der Sportmedizin befürwortet.
- Omega 3 aus Fischöl (2–4 g)
  Omega 3, das vor allem in fettem Fisch (Lachs, Makrele) sowie in Lein- und Chiasamen vorkommt, hält unsere Blutgefäße sauber. Es ist einer der wirksamsten Stoffe, um Herz-Kreislauf-Erkrankungen vorzubeugen. Dieser Effekt ist wissenschaftlich vielfach belegt.

Klar, Sie fragen sich jetzt, ob Sie dieselben Supplemente wie ich einwerfen sollten. Klare Antwort: Nein! Breitbandmaßnahmen sind wie eine Schrotflinte, sie treffen irgendetwas, schießen aber auch anderes tot, das besser am Leben geblieben wäre. Gesundheitsmedizin, *Healthivity*, wie es die Ärztin Elisabeth Roider formuliert hat, sollte immer individuell zugeschnitten sein. Hausärzte lassen regelmäßig von ihren Patienten ein Blutbild anfertigen, dem sich entnehmen lässt, an welchen Vitaminen und anderen lebenswichtigen Stoffen Mangel herrscht. Auf dieser Grundlage sind Supplemente sinnvoll.

Aus Hadis Recherchen

Die Journalistin Kerstin Greiner führte vor Kurzem ein Interview mit Dr. med. Elisabeth Roider.[35] Sie wurde an der Harvard Medical School ausgebildet und ist als Fachärztin für Dermatologie und Oberärztin am Universitätsspital Basel tätig. Darüber hinaus ist sie wissenschaftliche Leiterin eines Start-ups im Bereich Langlebigkeitsmedizin. Dr. Roider gab einen Überblick über sinnvolle Diagnose- und Behandlungsverfahren in einem Gebiet, das sie als den „größte(n) Markt unseres Jahrhunderts" bezeichnete.

Wie finden Sie heraus, was im Körper eines Menschen los ist?
Es gibt viele gute Möglichkeiten, um die Daten eines Menschen zu erfassen: genetische Tests, Blutdiagnostik, Sporttests, Ernährungsprotokolle oder die Auswertung elektronischer Uhren, die Gesundheitsdaten erfassen.

Und wo setzt die Langlebigkeitsmedizin an?
Ich vergleiche sie mit einer Pyramide, bei der Diagnose und Analyse die Basis bilden. Darauf folgen Änderungen des Lebensstils und die Einnahme von Vitaminen und Spurenelementen, je nach den Werten und Mangeln eines Menschen. Das muss personalisiert geschehen, weil nicht jeder alles an Nahrungsergänzungsmitteln nehmen muss. Viele Menschen in diesen Breitengraden haben etwa einen Vitamin-D-Mangel. Sind die Nährstoffe eingestellt, ist man schon gut dabei. Daneben kann man mit verschiedenen anderen Therapien ansetzen. Bei vielen Menschen hilft etwa der Gang in Kältekammern, bei anderen Sauerstoff- oder Rotlichttherapien. Besonders wichtig für die Langlebigkeit ist auch die Gewichtskontrolle. Auch bestimmte Medikamente sind okay – aber nicht für jeden.

---

35 Kerstin Greiner: Was ist das Geheimnis eines gesunden, langen Lebens? Interview mit Elisabeth Roider. In: SZ Magazin, 17.10.2023.sz-magazin.sueddeutsche.de/gesundheit/langes-leben-gesund-alt-werden-longevity-forschung-metformin-93189 (abgerufen am 25.04.2024).

Die Untersuchungsserie, der ich mich in den USA unterzogen habe, ist gewiss ein Extremfall. Ich wollte mir das leisten. Als Arzt weiß ich, dass ich mir dabei auch schlechte Nachrichten einfangen kann, ein positiver Krebstest oder ein akuter Prozess oder Aneurysma, den die Tomographie herausfiltert. Viele können nur mit positiven Rückmeldungen umgehen, ich wollte alles wissen.

Normalerweise genügt es, sich zwei- bis dreimal im Jahr einer Blutuntersuchung zu unterziehen und regelmäßig zum Internisten, Urologen und Gynäkologen zur Vorsorge zu gehen. Solche Behandlungen sind Kassenleistungen. Ab 50 gehört die Darmspiegelung beim Proktologen zum Repertoire, allerdings nur alle fünf bis zehn Jahre, je nach persönlichem Befund und familiärer Vorgeschichte. Eine Ultraschalluntersuchung nimmt der Internist vor, für eine Kardio-CT gibt es einen akuten Anlass oder man möchte, so wie ich, einfach genau wissen, was da drin vor sich geht. Ein Gentest und die Ermittlung des biologischen Alters sind in Deutschland für rund 200 Euro zu haben. Keine Fantasiepreise also.

Bei den sogenannten Nahrungsergänzungsmitteln sollte man, wie erwähnt, individuell unterschiedlich verfahren und Mangelzustände über Blutuntersuchungen feststellen lassen. Bekannte Defizite wie Vitamin D durch fehlendes Sonnenlicht im Winter oder Magnesium für die, die unter nächtlichen Krämpfen oder Verspannungen leiden, behebt jeder Hausarzt durch entsprechende Empfehlungen.[36] Übrigens hält die Verbraucherzentrale auf ihrer Website fest, dass Vitaminpräparate aus dem Drogeriemarkt denen aus der Apotheke in nichts nachstehen.[37]

Seitdem der Nobelpreisträger Linus Pauling die tägliche Einnahme von Vitamin C propagiert hat, ist dieser Wirkstoff der Renner.

---

36 Wie sich ein Nährstoffmangel feststellen lässt, welche Untersuchungen und -maßnahmen empfohlen sind, dazu die Verbraucherzentrale: www.verbraucherzentrale.de/wissen/projekt-klartext-nem/vitamine-und-mineralstoffe-wie-laesst-sich-ein-naehrstoffmangel-feststellen-80117 (abgerufen am 25.04.2024).

37 Siehe www.verbraucherzentrale.de/faq/projekt-klartext-nem/nahrungsergaenzungsmittel-aus-dem-drogeriemarkt-22915 (abgerufen am 25.04.2024).

Inzwischen wissen wir, dass Vitamin C Erkältungen nicht verhindert, wohl aber die Krankheitsdauer etwas verkürzen kann.[38] Ich versuche daher, meinen Bedarf durch Zitrusfrüchte und gesunde Ernährung zu decken. Frisches Obst und Gemüse wie Beeren, Paprika, Brokkoli und Grünkohl sind ausreichende Vitamin-C-Lieferanten. Zu viel davon führt allerdings zu Nebenwirkungen wie Durchfall, Übelkeit, Kopfschmerzen oder Nierensteinen.

Übrigens nehme ich solche Mittel ausschließlich in Pillenform ein. Der Grund ist ausnahmsweise kein medizinischer: Ich habe, um es tief zu hängen, schlechte Erfahrungen mit weißem Pulver gemacht, wenn man wie ich ständig auf Reisen ist. Damals hatte ich zu Hause einen großen Topf Vitamin C stehen, aus dem ich mir für Reisen etwas abgepackt hatte. Triumphierend hielt eines Tages der Zollbeamte einen solchen Beutel hoch: „Was haben wir denn da?"

Sie können sich vorstellen, was die Reaktion war, als ich „Vitamin C" antwortete. Dann wurde ich durch die Mühle gedreht: Ich musste abwarten, bis das überprüft und bestätigt werden konnte. Seit diesem Vorkommnis nehme ich nur noch Pillen mit auf die Reise. Dieser Tipp ist für Sie und nicht für Dealer!

Ein weiteres Geständnis, um das ich nicht mehr herumkomme: Zu der Serie von Untersuchungen, der ich mich unterzogen habe, war ich nicht nur durch meinen Perfektionismus motiviert worden. Ausschlaggebend war, dass ich mich in einen Tiefpunkt manövriert hatte. Meine erste glorreiche Laufphase mit den Halb- und Vollmarathons endete mit dem Berlin Marathon in 2022. Danach hatte ich erstmal genug vom Laufen, habe das Training stark zurückgefahren und bin nur noch zwei bis drei Mal die Woche für kürzere Läufe von acht bis zwölf Kilometern unterwegs gewesen. Ich gebe zu, ich hatte einfach keine Lust mehr und das Gefühl, dass es jetzt auch mal gut sein muss. Dazu kam dann noch Anfang 2023 die Ansteckung mit Covid. Fast alle haben sich das irgendwo irgendwann eingefangen. Schlimme

---

38 Siehe www.tk.de/techniker/gesundheit-und-medizin/behandlungen-und-medizin/atemwegs-und-hno-erkrankungen/erkaeltungen-haelt-vitamin-c-gesund-2022858 (abgerufen am 24.04.2024).

Symptome waren bei mir zwar nicht feststellbar, aber ich war eben positiv und durfte vier Wochen lang überhaupt nicht trainieren. Ich fühlte mich schon vorher wieder genesen, wusste aber, dass sich, wer zu früh mit intensivem Sport beginnt, eine Herzmuskelentzündung zuziehen kann. Kurz: Mit meiner Unlust und der Krankheit kam einiges zusammen.

In dieser Zeit habe ich mich normal ernährt und gut zugelangt für einen, der seinen Stoffwechsel nicht mehr so ankurbeln konnte wie durch das Training zuvor. Ich verbrannte deutlich weniger, aß aber deutlich mehr. Prompt habe ich acht Kilo aufgepackt. Von 95 Kilo war ich auf 83 Kilo heruntergekommen. Nun wog ich wieder knapp 90 Kilo.

Das hat mich in eine echte Krise gestürzt. Ich war bis dahin der Ansicht gewesen, alles gut im Griff zu haben. Um wieder einen neuen Reiz zu setzen und erweiterte Erkenntnisse zu gewinnen, habe ich mich dieser Serie von Untersuchungen unterzogen. Ich wollte meine Schwachpunkte schonungslos aufdecken und nichts auslassen. Außerdem beschloss ich, mich einer Stoffwechselanalyse zu unterziehen. Eigentlich war meine Frau dafür verantwortlich, die das in eigener Regie schon gemacht hatte. In der Ernährungstabelle, die man ihr ausgehändigt hatte, fanden sich Wein und Champagner auf der grünen Liste unter den unproblematischen Lebensmitteln und Getränken. Das will ich auch haben, dachte ich. Lassen Sie uns also über Ernährung sprechen!

In der Falle

Ich weiß, dass meine Frau einen beneidenswert guten Stoffwechsel hat. Was immer sie zu sich nimmt, ihr Körper steckt alles weg. Ich sehe bei mir jede noch so kleine Sünde am nächsten Tag auf der Waage. Als sie mir dann ihren Freibrief für Wein und Champagner gezeigt hat, habe ich mich hinreißen lassen, genau denselben Test zu veranlassen.

Bevor ich die Ergebnisse schildere, möchte ich noch eine Warnung vorausschicken: Die Unterscheidung in Stoffwechseltypen ist (noch?) nicht durch wissenschaftliche Studien abgesichert. Sie beruht fast ausschließlich auf augenscheinlichen Einschätzungen. Manche erinnern sich vielleicht an die Typenlehre von Ernst Kretschmer, die lange in aller Munde war. Er unterschied zwischen Astheniker (mager/zart), Athletiker (kräftig/muskulös) und Pykniker (rund/gedrungen). Dem Körperbau wurden charakterliche Eigenschaften zuerkannt: geistig/empfindlich, heiter/dynamisch und bequem/gutherzig. Auf dieser Typologie baute William Sheldon sein System auf, das den ektomorphen vom mesomorphen und endomorphen Typ abgrenzt. Der schlanke, ektomorphe Typ verfügt über einen schnellen Stoffwechsel und nimmt kaum an Gewicht zu. Ihm wird eine proteinreiche und kohlenhydratreiche Kost empfohlen. Der athletische, mesomorphe Typ braucht vor allem Proteine, dazu Kohlenhydrate und Fett in ausgewogenem Verhältnis. Dem endomorphen, rundlichen Typ mit langsamem Stoffwechsel wird zu Zurückhaltung beim Essen und vor allem ballaststoffreicher Nahrung geraten.

So oder so ähnlich wird zwischen Stoffwechseltypen unterschieden. Vereinfacht gesagt zwischen einem Kohlenhydrattyp, einem Proteintyp und einem Mischtyp. Ich war gespannt und bestellte eine solche Analyse. Der Anbieter antwortete mit einem Kit zur Blutprobenentnahme. Man sticht sich in den Finger, nimmt ein bisschen Blut ab und gibt es in ein Röhrchen. Dazu muss ein Fragebogen ausgefüllt werden. Beides wird dann eingeschickt. Der Test kostete etwa 180 Euro. Daraufhin erhält man Ernährungsempfehlungen. Auf mein Nachfragen, was gemacht und wie vorgegangen wurde, erhielt ich keine zufriedenstellende Antwort. Für jemanden wie mich war das ziemlich Panne!

Ernährungsliste für Stoffwechseltyp 5

Zum Sattessen! Diese Nahrungsmittel werden nicht gespeichert.
Bei Hunger – essen!

Gemüse	Basilikum, Blattsalat, Blumenkohl, Brokkoli, Chicorée, Chinakohl, Endivien, Feldsalat, Gurke, Ingwer, Karotte (roh), Kohlrabi, Kürbis, Kräuter, Mangold, Oliven, Okra, Paprika, Peperoni, Pilze, Radieschen, Rettich, Rotkohl, Sauerkraut, Sellerie (roh), Sojasprossen, Spargel, Spinat, Spitzkohl, Sprossen/Keimlinge, Stangensellerie, Tomate, Weißkohl, Wirsing, Zucchini
Obst	Ananas, Granatapfel, Grapefruit, Guave, Kaktusfeige, Karambole (Sternfrucht), Kiwi (fest), Melone, Papaya, Preiselbeere, Rhabarber, Stachelbeere, Zitrusfrucht
Eier, Käse	Crème fraîche, Ei in jeder Form (Omelette ohne Mehl), Hüttenkäse, Kefir, Mozzarella, Naturjoghurt (3,8 % Fett oder mehr), Quark, Sauerrahm, Tofu
Fleisch	Bries, Bündnerfleisch, Geflügel, Kalb, Lamm, Niere, Rind, Salami, Schinken, mageres Schwein, Straußenfleisch, Wild
Suppen	Alle Bouillons (Rind, Geflügel und Gemüse), Essig, alle Gewürze, Wein zum Kochen
Fisch	Alle frischen und Tiefkühl-Fische, Meeresfrüchte
Getränke	Kaffee, alle aufgebrühten Tees, Wasser
Getreide, Kartoffeln	Haferkleie und Weizenkleie
Anderes	Zuckerfreies Kaugummi
Fette	Butter, Olivenöl

Ernährungsliste für Stoffwechseltyp 5

	Nur in geringen Mengen und nicht jeden Tag!	Diese Lebensmittel vermeiden!
Gemüse	Artischocke, Aubergine, Avocado, Bambussprossen, grüne Bohnen, Fenchel, Karotten (gekocht), Knoblauch, Lauch, Pastinake, Palmherzen, Rosenkohl, Zwiebel	Braune Bohnen, rote Bohnen, weiße Bohnen, Erbsen, Linsen, Mais, Rote Bete, Schwarzwurzel, Zuckererbsen
Obst	Apfel, Aprikose, Banane, Beerenfrüchte, Birne, Erdbeere, Kastanie, Kiwi (welch), Litschi, Nektarine, Pfirsich, Pflaume, Physalis, Weintraube	Dattel, Dosenfrüchte, Feige, Kaki, Kirschen, Kokosnuss, Mango, Rosine, Trockenfrüchte
Eier, Käse	Alle Käsesorten, Milch, Sahne/Schlagsahne, Schafskäse	
Fleisch	Aufschnitt, Blutwurst, Bratwurst, Cervelatwurst, Fleischwurst, Gans, Kalbskopf, Kutteln, Leber, Leberwurst, Pasteten, fettes Schweinefleisch, magerer Speck, Zunge	
Suppen	Fischsuppe	Tütensuppe u. ä.
Fisch	Geräucherter Fisch, Sardine, Thunfisch (Öl/Wasser)	
Getränke	Apfelwein, Champagner, frischer Gemüsesaft, Saft, Spirituosen, Wein (weiß, rot, Rosé)	Bier, Cola-Getränke, alle Süßgetränke, Traubensaft
Getreide, Kartoffeln	Kartoffeln, Reiswaffeln, Zwieback	Alle Brotsorten, Cornflakes, Gries, Knäckebrot, Körner- und Flockenmischungen, Laugengebäck, Mehl, Mehlsauce, Polenta, Pommes, Reis, Teigwaren
Anderes	Honig, Mandeln, Nüsse, Senf, Sorbet	Eis, Konfitüre, Kuchen, Pfannkuchen, Schokolade, alle Süßigkeiten mit Süßstoff, Torte, Zucker, Zuckerersatzstoffe
Fette	Mayonnaise, Öl	

Offensichtlich hatte man mich eher in Richtung meso-/endomorph sortiert, Stoffwechseltyp 5. Vor allem mageres Fleisch, an Fetten nur Olivenöl und Butter, Milchproteine zumeist vollfett. Komplett verboten waren Hülsenfrüchte (Bohnen, Linsen), ebenso alle Kohlenhydrate (Brot, Kartoffeln) außer Ballaststoffe (Weizen- und Haferkleie). Darüber hinaus steckten für mich in den Empfehlungen auch noch einige Mysterien. Zum Beispiel: Fisch – ja, Fischsuppe – nein. Was wäre dann mit einer Forelle blau?

Trotzdem. Ich habe allerdings die Empfehlungen etwas freier interpretiert: Man wollte mich anscheinend dazu bringen, möglichst wenig Kohlenhydrate zu mir zu nehmen. Kein Brot, keine Pasta, kein Reis, nur Hafer- und Weizenkleie. (Champagner und Wein bis zum Abwinken – wo gibt es denn so etwas?) Aber überraschenderweise hat das wirklich etwas gebracht.

Was bedeutet das? Zunächst einmal liegt es auf der Hand, dass man abnimmt, wenn man Kohlenhydrate, letztlich Zucker, stark reduziert (zur sogenannten Atkins-Diät komme ich später). Auf meinen Schlemmertag, den *Cheat Day*, wollte ich damals noch nicht verzichten. Ein Festtag, an dem ich alles essen durfte, was sonst verboten war: Eis, Süßigkeiten, Kuchen und gerne ein Bier, das ja leider kohlenhydratreich ist. Seltsamerweise sind das die Nahrungsmittel, die ich besonders gerne habe. Ich kenne das auch bei anderen, dass man oft gerade zu dem einen Hang entwickelt, was einem nicht guttut. Ein Bekannter von mir verträgt kein Pökelsalz, hat aber eine Schwäche für gepökelte Lebensmittel. Ich kann das nicht ausdeuten. Eine Untersuchung dazu würde mich wirklich interessieren.

Das Ergebnis war Ende März gekommen und so startete ich noch vor Ostern (adieu, Osterfladen!) mit einer kohlenhydratarmen Ernährung. Meine Frau meinte, ich sei bekloppt. Wir hatten doch einen Urlaub auf dem Programm, da sollte ich mich doch nicht einschränken müssen. Aber da kam ich mir selbst nicht aus, ich hasse Hintertürchen. Für mich zumindest. Ich hatte den Test machen wollen, dafür Geld gezahlt und musste es nun auch durchziehen. Ende der Durchsage!

Dazu fing ich an, mit Gewichten zu trainieren. Das Training an und für sich ist kein großer Kalorienfresser, allerdings verschafft man sich mit einer ausgebildeten Muskulatur einen höheren kalorischen Grundumsatz: Auch im Ruhezustand verbraucht man so deutlich mehr. Nach etwa fünf Wochen zeigten sich gute Fortschritte: Ich hatte tatsächlich ordentlich an Gewicht verloren und auch meinen Körperfettanteil im Verhältnis zur Muskelmasse reduziert.

Aus Hadis Recherchen

Hier sind die Daten meiner Bioimpedanzmessungen (= Messung der Körperzusammensetzung) vorher/nachher:

Muskelmasse
22.04.23: 34,2 kg (Muskelprotein 9,9 kg; Wasser im Muskel 24,3 kg)
05.06.23: 33,9 kg (Muskelprotein 10,4 kg; Wasser im Muskel 23,5 kg)

Fettmasse
22.04.23: 20,8 kg (Essentielles Fett 5,3 kg; Fettreserve 12,4 kg; überschüssiges Fett 3,1 kg)
05.06.23: 15,7 kg (Essentielles Fett 5,0 kg; Fettreserve 10,7 kg; überschüssiges Fett 0,0 kg)

Viszerales Fett
22.04.23: 3,2 kg
05.06.23: 2,2 kg

Gewicht
22.04.23: 88,6 kg
05.06.23: 83,9 kg

Gesamtübersicht
22.04.23: 88,6 kg (Wasser 56 %; Muskelprotein 11,1 %; passives Gewebe 9,4 %; Fettmasse 23,5 %)

05.06.23: 83,9 kg (Wasser 59,6 %; Muskelprotein 12,4 %; passives Gewebe 9,1 %; Fettmasse 18,9 %)

Sauerstoffsättigung
Überall SpO2 98%

Bioage
22.04.23: 49
05.06.23: 48

Nicht schlecht, oder?

Meine Körperfettanalyse vom April 2023 wies 3,1 Kilo überschüssiges und 3,2 Kilo viszerales Körperfett auf, das ich mit mir herumtrug. Besonders gefährlich ist das sogenannte „innere Fett", das viszerale, das sich in der Bauchhöhle anlagert und die Organe ummantelt. Es äußert sich zumeist in einer apfelförmigen Statur, in einem runden, nach vorne gewölbtem Bauch. Unterhautfett ist demgegenüber harmlos, es ist schlicht ein Energiespeicher unseres Körpers. Wer damit ästhetische Probleme hat, muss das mit sich oder einem allzu herrischen Schönheitsideal abmachen. Inneres Fett hingegen reagiert wie ein eigenständiges Organ, es bringt das Gehirn dazu, Sättigungssignale zu ignorieren. Zudem steigt der Blutdruck und Entzündungsprozesse werden ausgelöst.

Nach sechs Wochen unterzog ich mich einer weiteren Analyse (siehe oben) und glücklicherweise war das überschüssige Körperfett weg und das viszerale um ein Kilo abgeschmolzen. Offensichtlich verarbeite ich Proteine sehr gut. Mein Frühstück besteht seither aus bis zu vier Eiern, am liebsten habe ich Rührei oder Omelette, dazu Hüttenkäse, damit nehme ich 25 g Protein zu mir und fühle mich gesättigt. Abends esse ich zumeist einen Salat, manchmal ein Stück Fleisch, Hühnchen oder Rinderfilet und so gut wie keine Kohlenhydrate. Auch Olivenöl schätze ich sehr. Ich träufle es mir manchmal in den Hüttenkäse.

Allerdings habe ich mittlerweile festgestellt, dass ich komplett ohne Kohlenhydrate einfach schlecht schlafe. Offenbar brauche ich welche für meine Serotoninproduktion, jedenfalls schlafe ich danach schnell ein und tief durch. Also esse ich etwa drei Stunden, bevor ich zu Bett gehe, wieder mehr Kohlenhydrate. Das können Kartoffeln, etwas Reis oder Vollkornbrot sein. Ich bleibe jedoch bei meiner Linie und stelle Gemüse und Proteine obenan, dann erst kommen Kartoffeln, Reis oder Brot.

Schwierig wird es, wenn ich unterwegs bin. Ob im Flugzeug oder in diversen Kantinen, fast immer bekomme ich nur belegte Brötchen, kohlenhydratreiche Ernährung eben. Belegte Brötchen gibt es überall, von Bäckersemmeln im Süden bis zu Sandwiches im Norden. Wer sie ablehnt, schrammt haarscharf an der sozialen Ächtung vorbei. Günstigenfalls hält man mich für bekloppt. Damit kann ich leben. Ich nicke und lächle.

CeramTec, die Firma, für die ich arbeite, unterhält im bayerischen Marktredwitz eine große Produktionsstätte. Ich habe mir angewöhnt, wenn ich vor Ort bin, mittags eine offene Gesprächsrunde zu machen, um mir die Hinweise und Sorgen unserer Mitarbeiterinnen und Mitarbeiter anhören zu können. Was sollten wir besser machen? Was läuft gut? Womit sind sie zufrieden oder unzufrieden? Die Kantine dort ist sehr klein, deshalb gab es dort – richtig geraten – belegte Brötchen. Wäre ich katholisch, würde man von mir sagen, der Mensch hat etwas jesuitisch Fundamentalistisches an sich. Soziale Konzessionen mögen bisweilen unabdingbar sein, andererseits gilt ebenso, dass man seine Prinzipien nicht bereits wieder an der nächsten Ecke abgeben sollte. Also habe ich den Belag von den Brötchen genommen und das Brot beiseitegelassen. Meine Gesprächspartner haben mich angesehen, als käme ich von einem anderen Stern. Ein bisschen spinnt er schon, der Chef! Ich startete einen Erklärungsversuch von wegen kohlenhydratarme Ernährung aus genetischen Gründen. Es genügt ja, wenn das irgendwo unter „Diät, exotisch" abgelegt wird. Zum Glück ist meistens Lachs oder Käse auf dem einen oder anderen Brötchen. Wurst muss ich, genau genommen, auch ablehnen, aber da zeige ich mich sozial geschmeidig. Ich rolle den Käse mit der Wurst zusammen und esse so beides auf.

Ein Bekannter von mir erzählte einmal von seinen ermüdenden Versuchen, in den 80er-Jahren eine fleischlose Ernährung durchzuziehen. Aha, habe es damals oft geheißen, kein Fleisch, aber schon ein bisschen Wurst, oder? Aber auf jeden Fall Hühnchen, ist ja kein richtiges Fleisch? Hatte er fleischlos bestellt, bekam er Schonkost: bisschen Hühnerfrikassee, bisschen Reis, alles garantiert gut verträglich! Die besten Erfahrungen habe er damit gemacht, erzählte er, wenn er anfügte, dass er aus religiösen Gründen kein Fleisch essen dürfe. Das war zwar geschummelt, aber diesem Argument wurde ein Grundrespekt entgegengebracht und er bekam tatsächlich kein Fleisch. Nur die Beilagen!

Für die Machiavellisten unter Ihnen: Nach sechs Wochen war der Effekt meiner Ernährungsumstellung da. Während der ersten vier Wochen tat sich null, trotz Sport, trotz aller Einschränkungen, trotz sozialer Randständigkeit. Dann gab mir der Erfolg recht.

Zwischenruf: Bitte verstehen Sie mich nicht falsch! Eine Low-Carb-Diät kann bei einer körperlichen Disposition wie meiner sehr sinnvoll sein. Kohlenhydrate deshalb zu verdammen, wäre eine ausgesprochene Dummheit. Der Körper braucht sie. Ungefähr 30 Prozent unserer Nahrung sollten aus Kohlenhydraten bestehen, weil sich das Gehirn hauptsächlich von Glukose „ernährt“. Der dauerhafte Verzicht auf Kohlenhydrate ist, siehe Atkins und die von ihm propagierte Protein- und Fettdiät, schädlich für den Körper.[39]

Wie in jedem anderen Thriller gibt es auch in diesem Fall die Guten und die Bösen. Auf welche Seite Ihre Kohlenhydrate gehören, das macht den Unterschied! Wertvolle Kohlenhydrate, diese Faustregel gilt immer, kommen nie weiß, gemahlen und fein gesiebt daher, sondern mit reichlich Ballaststoffen: Vollkornbrot, unbehandeltes Getreide, Haferflocken, Leinsamen, Haferkleie, Weizenkleie, Chia- oder Leinsamen – das Gemeinsame an all diesen Nahrungsmitteln ist au-

39 Bas Kast hat das sehr einleuchtend dargelegt. Siehe a. a. O., S. 152 ff.

genscheinlich: Ballaststoffe schließen die Kohlenhydrate ein, die Verdauung muss arbeiten, um sie freizulegen; was nicht aufgeschlossen werden kann, ist trotzdem förderlich, denn unsere Darmkeime lieben Ballaststoffe. Auch Gemüse weist gute Kohlenhydrate auf. Es gibt einige wenige Ausnahmen: Mais, Kartoffeln und Süßkartoffeln. Alles andere darf auch bei einer Low-Carb-Diät bedenkenlos verzehrt werden.

Verzichtet man lange auf Kohlenhydrate, kommt der Körper in einen Zustand, den man Ketose nennt. Er fängt an, sich aus seinen Reserven zu behelfen und verbrennt Fett statt Glukose. Mit den so entstandenen Ketonen wird unser Energiebedarf gedeckt.

Meine Frau hat sich diesem Ringen nicht angeschlossen, sie ernährt sich, wie sie es immer schon getan hat. Auch die beiden Ernährungskarten sind für sie nicht maßgeblich. Den Champagner-Wein-Freibrief verwaltet sie wie ein Sparkonto. Falls sie ihn später einmal braucht.

Neulich hatten unsere beiden Mädels Geburtstag, am selben Tag, denn sie sind Zwillinge. Kinder brauchen zu diesem Anlass einen Kuchen, Zwillinge brauchen jeweils einen. Ich habe weder von dem einen noch von dem anderen ein Stück genommen, sondern meinen Hüttenkäse gelöffelt. Die Mädels waren amüsiert, aber gewiss nicht sauer. Sie unterstützen das auf ihre Weise, fragen höchstens einmal nach, wann denn nun mein Schlemmertag sei? Das allerdings ist nicht ganz uneigennützig, denn zu dieser Gelegenheit fällt auch immer etwas für sie ab. Aber generell legen Kinder eine größere Toleranz und Verträglichkeit für die Macken anderer an den Tag als Erwachsene.

Was ich sagen will: Gute Vorsätze sind nur dann gut, wenn man das Rückgrat hat, sie auch im Alltag durchzusetzen. Wer schon am ersten Augenbrauenzucken scheitert, sollte sich dem gar nicht erst unterziehen. Inzwischen habe ich auch einen Schokoriegel gefunden, der reich an Protein, dabei aber kohlenhydratarm ist. Nur ein Gramm Kohlenhydrat pro Riegel. Ich habe immer einen dabei, falls ich Hunger bekommen sollte. Er enthält auch praktisch keinen Zucker, allerdings Süßungsmittel. Na ja, das muss ich in Kauf nehmen – oder, wie sagt man so schön: Einen Tod muss man sterben.

Würde ich nun diesen Stoffwechseltest auch anderen empfehlen? Eher nicht. Oder, besser gesagt: nur denen, die auch im Fall von schlechten Nachrichten bereit sind, die Sache durchzuziehen. Noch mal: Eine wissenschaftliche Grundlage existiert nicht, aber vielleicht haben sich Erfahrungswerte letztlich doch zu einem schlüssigen Bild summiert. Wer jedoch nicht ernsthaft an ein solches Projekt herangeht, findet sicher eine schönere Möglichkeit, fast 200 Euro zu verballern.

Wer tiefer einsteigen möchte und in der Lage ist, gegebenenfalls Handicaps ins Auge zu blicken, sollte eine komplette Genanalyse durchführen lassen. Die Preise dafür sind in den letzten Jahren dramatisch gefallen, sodass man heute eine solche (seriöse) Analyse für ein paar Hundert Euro bekommt. Ich habe für meinen Gentest 165 Euro bezahlt. Einem Datenfundamentalisten wie mir hat dieser Weg geholfen, ich wiege jetzt 83 Kilo statt 95; was ich im Spiegel sehe, gefällt mir deutlich besser; meine Cholesterinwerte haben sich normalisiert, ebenso die Leberwerte. Mittlerweile sind alle diese Werte wieder im Norm-, manche sogar im Optimalbereich. Meine Anzüge allerdings passen mir schon wieder nicht. Diesmal sind sie zu weit.

Aus FdH wird VdQ

FdH nennt man vornehmerweise eine Reduktionsdiät. Allerdings steht das Kürzel für die grobe Aufforderung: Friss die Hälfte! Man fühlt sich dabei nicht unbedingt an die Hand genommen. Der Delinquent hat jeden vernünftigen Genuss hinter sich gelassen und ist zum Fressen übergegangen, so der Vorwurf. Psychologisch ist das Ganze so feinfühlig wie die Algebra, die sich hier Luft macht.

Ich habe zwar nicht diese brutale Version an mir erprobt, aber doch eine Reduktionsdiät. Und siehe da, interessanterweise geht die einfache Gleichung nicht auf: Wer abnehmen wolle, müsse einfach nur weniger essen, als er verbraucht. Es kommt nämlich immer darauf an, wie die Kalorien in unsere Nahrung eingebettet sind und was unser Stoffwechsel damit anstellt. Wer reichlich Nüsse, Omega 3-Fette oder Olivenöl genießt, nimmt nicht im selben Maß zu. Dasselbe gilt für ausschließlich eiweißbasierte Kost. Denn der Körper muss einen großen Aufwand betreiben, um sie zu verarbeiten. Die Frage ist zudem, wie sättigend eine Mahlzeit empfunden wird, manches Essen lässt uns hungrig zurück. Proteinreiche Kost hingegen stellt schneller zufrieden als kohlenhydratreiche. Eine Reihe von – ich vermeide in diesem Zusammenhang das Wort Lebensmittel – Genussprodukten könnte man sich direkt an die Hüften tackern: Chips, Pommes frites, Süßigkeiten, Softdrinks und so weiter. Es ist daher richtig, dass man mit proteinexklusiver Ernährung (zum Beispiel der Atkins-Diät) schnell abnehmen kann. Diese Diät gehört jedoch auch zu denen, die am seltensten über einen längeren Zeitraum durchgehalten werden. Zudem stellt sich die Frage, wie der Blutfettspiegel nach einer solchen Diät aussieht – schrecklich! Darüber hinaus regen Proteine das Zellwachstum an, aber niemand garantiert, dass entartete Zellen, Krebszellen beispielsweise, davon ausgenommen sind. Gutes wie Schlechtes wird gleichermaßen gefördert. Deshalb kommen natürlich auch wieder Kohlenhydrate ins Spiel, allerdings nur solche, die unseren Blutzuckerspiegel nicht nach oben schießen lassen (wie Zucker, Weißmehl u. ä.), sondern solche mit einem günstigen glykämischen Index wie alle Vollkornprodukte, die reichlich Ballaststoffe aufweisen. Der Spiegel bleibt konstant tief, weil unsere Verdauung viel Zeit benötigt, um sie aufzuschließen.

Aus Hadis Bibliothek

Ingo Froböse: Die Gesundheitsformel der 100-Jährigen.
ZS Verlag 2020.

Ingo Froböse ist Professor für Sportwissenschaft an der Sporthochschule Köln. Er ist bereits mit einer ganzen Reihe von Büchern zu Gesundheit, Fitness und Langlebigkeit hervorgetreten. Auch in diesem Buch zeigt er sich auf dem neuesten Stand der Diskussion. Er präsentiert darin sieben Schlüssel für ein gesundes Leben:

1. **Fitte Muskeln**

Interessant in diesem Zusammenhang ist der Hinweis auf die sogenannten Myokine: heilende Botenstoffe, die durch körperliche Aktivität produziert werden.

2. **Effektiver Stoffwechsel**

Falsche Ernährung und zu wenig Bewegung beeinträchtigen den Stoffwechsel. Empfohlen wird auch Essen im Biorhythmus: drei Mahlzeiten pro Tag – morgens, mittags und abends – und kein Essen mehr nach 20 Uhr.

3. **Gute Zellernährung**

Sein Hinweis: Hungerphasen stärken die Autophagie-Aktivitäten unseres Körpers, er hat also Zeit und Gelegenheit, abgestorbene oder deformierte Zellen zu beseitigen.

4. **Starkes Immunsystem**

Sport, Schlaf, Essen, Temperaturreize und Impfungen helfen.

5. **Regeneration und Entspannung**

Zu wenig Schlaf ist ein Grundübel, wir benötigen zwischen sieben und acht Stunden pro Nacht.

6. **Glück, Zufriedenheit und Optimismus**

Eine gesunde Psyche und eine intakte soziale Umgebung bilden die Grundlage eines glücklichen Lebens.

7. **Optimale Unterstützung der reinigenden Organe**

Leber (wenig Fruktose und Alkohol), Niere (ausreichend Wasser) und Darm (ballaststoffreiche Ernährung) sind hier vor allem gemeint.

„Vermutlich beruht ihr schlechter Ruf darauf, dass der wissenschaftliche Begriff ‚Kohlenhydrate' für alle Arten von Zucker steht. Für unsere Zellen ist es jedoch wichtig, dass wir die richtigen Kohlenhydrate auswählen, und zwar die langsamen (= komplexen) und nicht die schnellen (= einfachen)." (S. 98)

„Wenn Sie regelmäßig mehrmals täglich Glukosebomben wie Schokolade, Gummibärchen und Co. snacken, steigt der Insulinspiegel kurzfristig schnell an und fällt auch schnell wieder ab. Damit züchten Sie sich einen Diabetes Typ 2 ..." (S. 98)

Seit Langem gibt es ein grundsätzliches Bedenken gegen Diäten, weil sie den bekannten Jojo-Effekt auslösen: Man nimmt schneller wieder zu, als man abgenommen hat. Eine Diät versetzt den Körper in einen Ausnahmezustand, er schaltet dabei in einen Notmodus und verstoffwechselt die verfügbare Nahrung effektiver. Bei Rückkehr zu „normalen" Essensgewohnheiten werden zusätzliche Kalorien dann in Fettpolstern angelegt. Darüber hinaus gilt, dass keine Diät dauerhaft durchgehalten werden kann. Verlust von Muskelmasse sowie Stress und Frustration sind oftmals Begleiterscheinungen einer Diät. Auf längere Zeit gesehen sind nur die Umstellung der Lebensgewohnheiten, gesundheitsfördernde Lebensmittel und körperliche Aktivität wirklich hilfreich.

Aus Hadis Bibliothek

Bas Kast: Der Ernährungskompass. Penguin 2022.

Diese und viele andere Ungereimtheiten und Widersprüche von Diät- und Ernährungsempfehlungen hat Bas Kast in seinem Buch behandelt. Er bietet dabei eine Zusammenschau wichtiger Studien zum Thema Ernährung. Das Entscheidende bei ihm ist, dass er keiner Ernährungs- oder Diätschule angehört, sondern versucht, einen Überblick über die Vor- und Nachteile von Ernährungsstrategien zu geben. Dieser wohltuend unideologische Angang an das Thema macht das Buch wertvoll. Es bietet keine rasche Lösung, vielmehr arbeitet sich Bas Kast in einer fortlaufenden Diskussion der Argumente zu Empfehlungen vor, die ich allesamt für richtig und wichtig halte.

„Was der durchschnittliche Steinzeitmensch verspeist hat, muss nicht unbedingt mit einer Ernährungsweise übereinstimmen, die ein langes Leben begünstigt, weil dies gar nicht das primäre ‚Ziel' der Evolution ist. (...) Es geht ihr vielmehr darum, dass wir unsere Gene weitergeben, was wir in den meisten Fällen vor unserem 80. Geburtstag längst erledigt haben. Wenn üppige Fleisch- und (tierische)

Proteinmengen uns in jungen Jahren muskulös, fit und fruchtbar, langfristig jedoch krank machen, wäre das immer noch ganz im Sinne der Evolution." (S. 68 f.)

„In mir wuchs die Überzeugung, dass meine Grundannahme als solche fehlgeleitet war. Ja, je tiefer ich in die Materie vordrang, desto klarer stellte sich heraus, dass der Versuch, *eine* perfekte Ernährungsweise zu bestimmen, die universell für uns alle gilt, nicht nur ein Ding der Unmöglichkeit, sondern sogar kontraproduktiv ist (...)." (S. 94)

„Immerhin erscheinen mehr als 250 Ernährungsstudien *pro Tag.* Ich könnte Ihnen in diesem Sinne anhand einschlägiger ‚US-Studien' beweisen, dass regelmäßiger Brokkoliverzehr Sie umbringen wird (...)." (S. 169)

Ich selbst habe mich lange genug an der Gleichung „Input gleich Output" abgearbeitet und Kalorien gezählt. Es erscheint einfach zwingend, dass man an Gewicht verliert, wenn man sich im kalorischen Defizit befindet. Vier Wochen habe ich das durchgehalten, aber es hat einfach nicht funktioniert. Ich hatte mir eine App besorgt, mit der sich mein Konsum aufzeichnen ließ. Das Programm arbeitet mit einem Barcode-Scanner. Verpackte Lebensmittel werden gescannt, daraufhin wird automatisch erfasst, was ich zu mir nehme. Ich spezifiziere die Menge, zwei Scheiben Käse beispielsweise, und erhalte dann meine Kalorienbilanz. Diesem Aufwand habe ich mich eisern unterzogen. Die App war zusätzlich mit meiner Garmin-Uhr verbunden und so wurden mir bei Sportaktivitäten mehr Kalorien pro Tag zugestanden.

Letztendlich leuchtet es auch ein, dass eine Kalorie nicht nur eine Kalorie ist, sondern dass es mehr darum geht, in welcher Form wir unserem Körper Energie anbieten. Wir müssen selbst wieder Energieaufwand betreiben, um unsere Nahrungsmittel aufzuschließen. Generalisiert lässt sich sagen, dass für Kohlenhydrate und Fett etwa fünf Prozent Energie nötig sind, für Eiweiß sogar 25. Darüber hinaus ist die Darreichungsform mitentscheidend: Rohkost verlangt mehr Aufwand als Gekochtes; Ballaststoffe werden kalorienmäßig nicht verwertet.

Aus Hadis Bibliothek

Bas Kast: Der Ernährungskompass. Penguin 2022.

Teil II
Bas Kast beschreibt das sogenannte Großmutter-Experiment: Dabei wurden zwei Gruppen täglich drei Muffins serviert. Die einen Muffins waren mit gesättigten Fettsäuren (Palmöl) und die anderen mit ungesättigten (Sonnenblumenöl) gebacken. Kalorisch waren die Muffins identisch. Zwar hatten beide Gruppen am Ende des Experiments gleichermaßen 1,6 Kilo zugenommen, jedoch hatte die Palmöl-Gruppe neues Fettgewebe angelegt, die Sonnenblumenöl-Gruppe hingegen Muskelgewebe.

„Selbst bei Überernährung gibt es Fette, die nicht zur Fettbildung, sondern darüber hinaus auch zur Muskelbildung beitragen können." (S. 232)

2.000 Kalorien kann ich mir auch locker mit Cola einverleiben. Diese Kalorien finden einen direkten Weg ins Blut, eine Bearbeitung in Magen und Darm ist quasi unnötig. Effektiver wäre nur eine Zuckerinfusion. Wichtiger als die quantitative Kontrolle ist daher die qualitative. Wer sich gesund ernährt, neigt nicht dazu, zu viel zu konsumieren. Festhalten kann ich jedoch: Das Kalorienzählen war ein Fehlgriff auf ganzer Linie. Ich würde daher vorschlagen, wir nennen die FdH-Diät künftig VdQ: Vergiss den Quatsch!

Früher hatte ich mir immer einen *Cheat Day* gegönnt. Am Schummeltag oder Schlemmertag lässt man die Zügel schießen und der innere Schweinehund nimmt Fahrt auf: Süßigkeiten, Eis und schon mal eine ganze Tafel Schokolade nach einer vollen Mahlzeit. Hau rein!

Solche Fressattacken muss man gelassen hinnehmen, die übermäßige Gier zeigt jedoch auch, welches Maß an Disziplinierung man sich auferlegt hat. Aber niemand sollte sich geißeln, wenn er hin und wieder aus der Rolle fällt. Es gehört zum Leben, sich nicht nur auf einer geraden Spur zu bewegen. Ich bin kein Freund von Dogmen, daher geht meine Selbstkasteiung nicht so weit, dass ich mir das Glas Wein verbiete, das ich gerne trinke. Die Psyche muss auch gesund bleiben, und wenn die das braucht, soll sie es auch bekommen. Wer sich im Großen und Ganzen im Gleichgewicht befindet, sollte auch genießen dürfen, denn ein gesundes Leben ist nichts für religiöse Eiferer. Natürlich gibt es eine Reihe von Dingen, die ich nicht mache. Ich nehme keine Drogen, ich rauche nicht. Auch wenn ich über die Stränge schlage, möchte ich nicht die Kontrolle verlieren, sondern Herr im Haus bleiben.

Allerdings haben wir alle mit dem Problem zu kämpfen, dass wir ständig weitgehend orientierungslos durch widersprüchliche Empfehlungen stolpern. So ziemlich alles hat schon ein Für und Wider gefunden. Kaffee war mal verpönt, dann wieder besonders empfehlenswert. Ebenso Butter. Ein Freund von mir mochte immer schon Eier, hat aber nie mehr welche gegessen, weil sie angeblich den Cholesterinpegel nach oben schießen lassen. Mit diesem Gerücht konnte ich leicht aufräumen, seither isst er wieder Eier, hat sogar Gewicht abgenommen und ist glücklich. Eier sind zweifelsohne sehr cholesterinhaltig, aber es handelt sich hier um exogenes, also zugeführtes Cholesterin, das, wie jeder höfliche Gast, auch wieder seinen Weg hinaus findet. Ich stelle aber immer wieder fest: Ohne eigene, idealerweise abgesicherte Einsichten verhalten wir uns womöglich grundfalsch.

Es gibt nur einige wenige Empfehlungen, an die ich mich halte und an die Sie sich halten sollten:

- Möglichst wenig rotes Fleisch, besser Lachs oder Makrele, weil sie reich an Proteinen und Omega-3-Fettsäuren sind.
- Besser kein verarbeitetes Fleisch wie Wurst u. ä.
- Besser kein Convenience Food
- Keine „leeren" Kohlenhydrate (Stärke) wie Weißmehl

- Möglichst wenig gesättigte Fette, keine Transfette, wenig tieri sche Fette
- Vor allem aber: wenig Zucker!

Mein Blutzuckermessgerät habe ich bereits vorgestellt (siehe Seite 60). Ursprünglich war es in erster Linie auf Sport ausgerichtet. Dann aber habe ich mich näher damit befasst, was Zucker und stärkehaltige Nahrung anrichten können. Vieles hätte ich als Arzt wissen können, aber, wie so oft, wirken Einsichten nachhaltiger, wenn man sie am eigenen Leib erfährt.

Um zu verstehen, was ich auf den folgenden Abbildungen zeigen möchte, muss ich ein paar vereinfachte Hinweise über Zucker geben. Zucker ist *der* Energielieferant in Reinform. Wir brauchen ihn. Auch Kohlenhydrate, egal ob Vollkorn, Weißmehl, Kartoffeln oder Reis, werden zu Glukose verstoffwechselt. Unser Gehirn und unsere Muskeln benötigen Glukose. Als Glykogen wird sie in der Leber und der Muskulatur gespeichert und bei Bedarf freigegeben. Glukose wird auch als „Traubenzucker" bezeichnet, Sie erinnern sich? Früher hatten ältere Leute, aber auch Sportler und Eltern für ihre Kinder gerne diese Täfelchen in der Tasche, um eine aufkommende Schwäche abzufangen.

Neben der Glukose gibt es auch den sogenannten Fruchtzucker, bekannt als Fruktose, der jedoch nicht nur in Früchten vorkommt, wie Sie gleich feststellen werden. Glukose und Fruktose hängen beispielsweise im weißen Haushaltszucker zusammen, er besteht jeweils zur Hälfte aus diesen beiden Arten. Unser Stoffwechsel unterscheidet zwischen diesen beiden sehr genau: An Glukose nimmt sich die Leber nur den Anteil, den sie benötigt, alles andere wird an die Muskulatur und das Gehirn weitergeleitet. Das Gehirn vor allem verbraucht sehr viel davon und reagiert sensibel auf einen Mangel. Deshalb haben Menschen mit hoher Gehirnaktivität oft eine große Gier auf Süßes.

Anders ist es bei der Fruktose: Sie wird fast ausschließlich von der Leber verarbeitet und dort in Glykogen umgesetzt. Glykogen ist ein Stoff, der nur kurzfristig gespeichert und schnell freigegeben wird. Ist der Glykogenspeicher in der Leber gesättigt, wird die überschüssige

Fruktose in Fett umgewandelt und dort, wenn nötig, langfristig vorgehalten. Bei extrem adipösen Menschen kann es dabei zu einer Fettleber kommen, in der Regel entsteht sie jedoch durch Alkoholmissbrauch oder einen Gendefekt, der den Fettstoffwechsel blockiert.

Das alles ist kein Problem, solange wir nicht Zucker im Überfluss zu uns nehmen. Der Hunger auf Zucker ist stammesgeschichtlich gesehen sinnvoll: Süßes versprach unseren Vorfahren schnellen Energiegewinn, in Zeiten der Überernährung ist er nicht nur funktionslos geworden, sondern auch schädlich.[40] Erinnern Sie sich noch an die Bilder mit der Zuckermenge in Lebensmitteln (siehe Seite 31)? Ein Liter Cola enthält rund 110 Gramm Zucker, das sind etwa 28 Teelöffel! Dasselbe gilt für Fruchtsaftgetränke, Eistees oder Energydrinks. Übrigens weisen auch Fruchtsäfte eine schlechte Bilanz auf. Sie sind nicht selten gesüßt und unterscheiden sich damit nicht von Softdrinks. Wie erwähnt, empfiehlt die WHO, maximal zehn Prozent der täglichen Kalorien in Form von Zucker zu sich zu nehmen, das entspricht dann etwa 25 Gramm für einen Erwachsenen. Ein zu hoher Zuckerkonsum führt unter anderem zu:

- Fettleibigkeit
- Karies
- Diabetes
- Herz-Kreislauf-Krankheiten

Vor allem Bauchfett kann entzündliche Stoffe freisetzen, die die Funktion des Insulins beeinträchtigen. „Insulinresistenz" ist, auch wenn es positiv klingt, nur eine andere Bezeichnung für Diabetes.

Aber was leistet eigentlich Insulin? Es wird vom Körper ausgeschüttet, um Glukose über die Blutbahn an jene Körperstellen zu transportieren, wo sie benötigt wird. Denn das Blut kann nicht einfach wie ein Sirup mit Glukose angereichert werden, die Glukose muss

40 Bas Kast bringt die Hypothese ins Spiel, dass diese Verstoffwechslung ein stammesgeschichtliches Erbe ist: Im Herbst wurden die Sträucher geplündert, Fruktose war im Übermaß da, allerdings als Polster für den kommenden langen Winter, in dem man davon zehren konnte. Einen solchen „Winter" haben wir heute nicht mehr (vgl. a. a. O., S. 115 ff.).

vielmehr vom Insulin verpackt werden, um das Blut nicht zähflüssig-klebrig werden zu lassen. Führt man viel Glukose zu, also Zucker und leicht aufschließbare Kohlenhydrate, antwortet der Körper mit einer ebenso massiven Insulinausschüttung. Die Glukose wird daraufhin rasch verarbeitet und der Blutzuckerspiegel fällt: Wir verspüren wieder Hunger. Wenig verarbeitete Nahrung führt, kurz gesagt, zu einem nur mäßigen, hoch verarbeitete Nahrung dagegen zu einem heftigen Anstieg des Blutzuckers. Im ersten Fall fühlen wir uns lange Zeit ausreichend satt, im zweiten rasch wieder hungrig. Genau das ist es, was Sie in den folgenden Grafiken verfolgen und bewerten können.

Aus Hadis Recherchen

Meine Idee war, meinen Blutzuckerspiegel nach dem Genuss verschiedener Nahrungsmittel zu testen. Das Ergebnis war verblüffend.

Das muss logischerweise der Referenzwert sein: ein Schokoriegel.

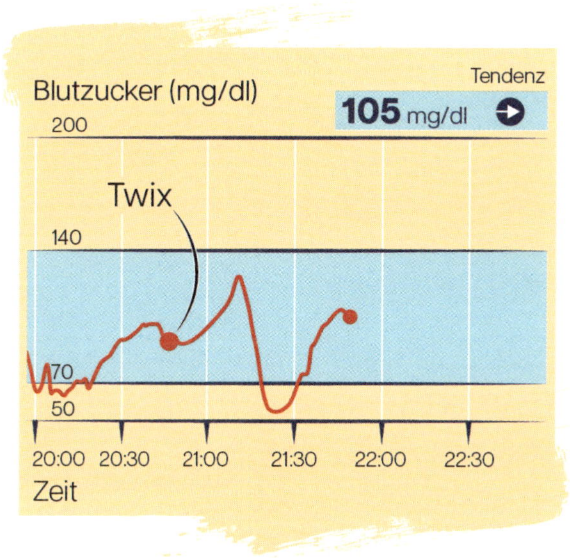

Charakteristisch sind der steile Anstieg und der ebenso steile Abfall des Zuckerspiegels. Der Körper reagiert mit der Ausschüttung von Insulin, um den Zuckerandrang zu bewältigen. Aktion gleich Reaktion. Das Problem ist nicht so sehr der Anstieg als das Absinken des Pegels in einen Bereich, in dem man Heißhunger auf weitere Zuckerzufuhr verspürt.

Weißmehl und Stärke, wie bei einer Laugenbrezel, unterscheiden sich nicht wesentlich von diesem Verlauf, produzieren aber eine stärkere Spitze:

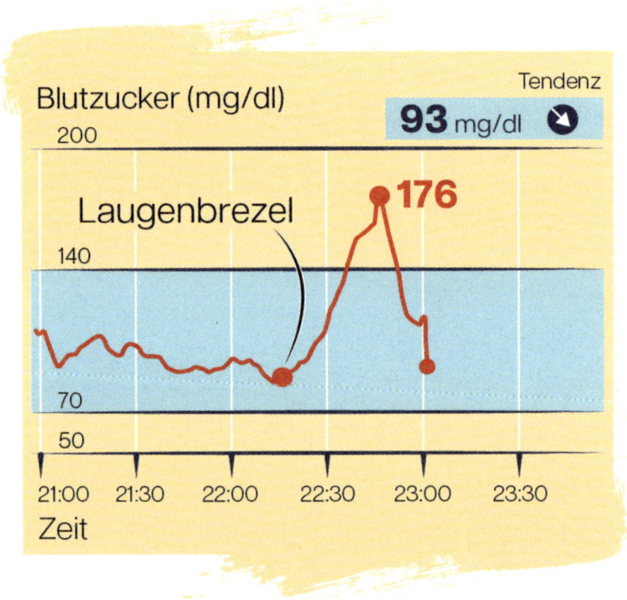

Hier sieht man einen sogar noch weiter nach oben schießenden Wert, der dann jedoch nicht so tief abfällt wie beim Schokoriegel.

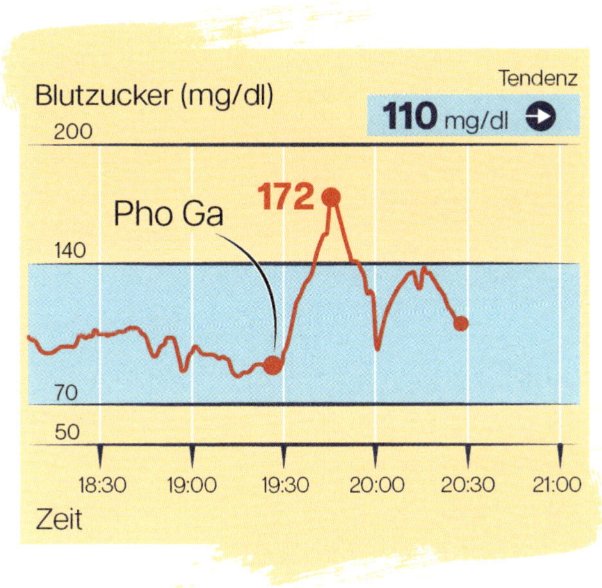

Eine Enttäuschung ist die vietnamesische Pho Ga, eine Reisnudelsuppe mit Huhn:
Brühe und Huhn mögen harmlos sein, die Reisnudeln offensichtlich nicht. Die Reisstärke drückt den Wert weit nach oben. Wir sehen dann wieder das Auf und Ab durch die Insulinproduktion.
Dass sich die Kurve nicht wesentlich von einem gesunden Nahrungsmittel unterscheiden muss, sieht man am Beispiel eines Bircher-Müslis:

Allerdings weist ein fertig gekauftes Müsli oft viel versteckten Zucker auf. Zu beachten ist außerdem, dass die erste Mahlzeit nach einer längeren Abstinenz (zum Beispiel während des Nachtschlafes) den Blutzuckerspiegel in die Höhe schnellen lässt. Die Spitze ist hier aber deutlich niedriger und alles weist auf einen normalen Verlauf danach hin.

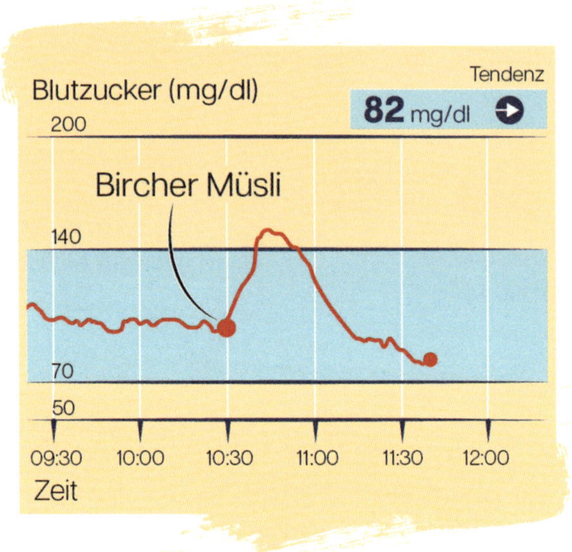

Diesen Verlauf wünscht man sich – hier ein Frühstück mit ungesüßten Zerealien:

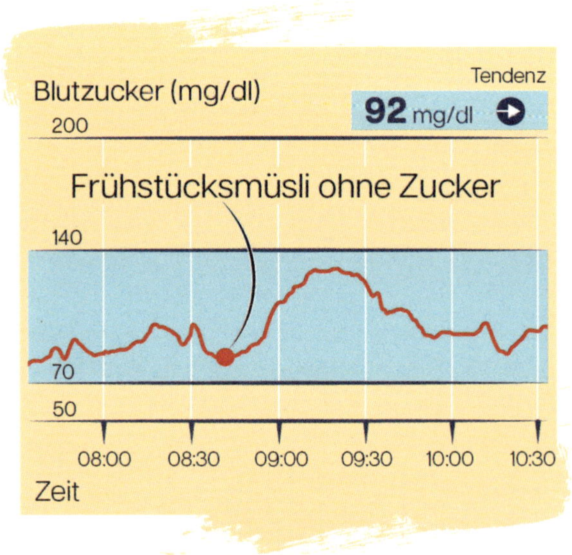

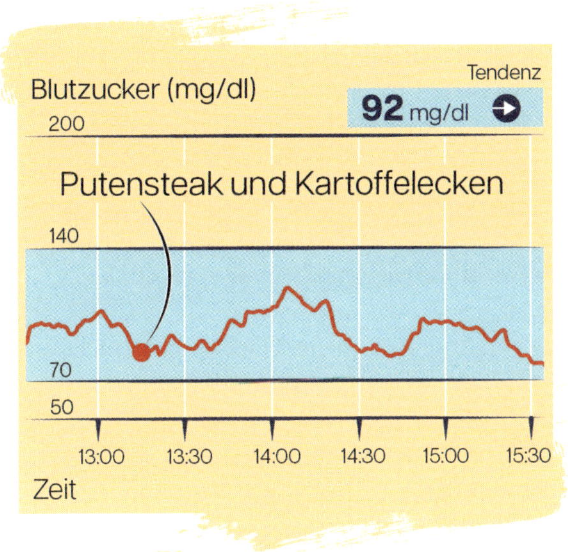

Auch der Lunch mit einem Truthahnsteak und Kartoffeln verursacht keine übermäßigen Ausschläge. Könnte sein, dass ich zuvor einen mit Essig angemachten Salat hatte, der die Verdauung der Kohlenhydrate in den Kartoffeln verzögert hat. Kartoffeln gelten als einer der Hauptlieferanten von Stärke:

Man kann die beschriebenen körperlichen Vorgänge anhand dieser Beispiele tatsächlich schulbuchmäßig studieren: Kohlenhydrate oder Glukose werden über den Darm aufgenommen. Der Blutzucker schießt hoch. Als Reaktion wird Insulin ausgeschüttet und die Zellen nehmen die Glukose auf. Dadurch fällt der Blutzucker ab. Unser Körper reagiert auf das Absinken des Blutzuckers und setzt wieder Zucker frei. Im Resultat sieht man dann diesen Jo-Jo-Effekt, das Wechselspiel zwischen Glukose und Insulin. In einem gesunden Organismus pendelt sich das ein, es dauert dann etwa eine Stunde. Aber wenn das Pendel ständig angestoßen wird, dann zeigt sich das in den sichtbaren

Zickzack-Bewegungen. Ich teile die Feststellung von Mark Hyman[41], der den Amerikanern bescheinigt, Zucker im Übermaß zu sich zu nehmen. Während meiner Zeit in den USA habe ich das hautnah miterlebt. Viele Amerikaner essen fortwährend – es beginnt mit einem Donut, später ein Stück Kuchen, auch mal ein Schokoriegel, vier, fünf Dosen Cola und das alles nur an einem Vormittag. Logischerweise ist das nicht nur ungesund, sondern sogar fatal, weil der Körper, man könnte sagen: dieser Ausschläge müde wird und streikt: Es entwickelt sich eine Insulinresistenz. Glukose kann nicht mehr verarbeitet werden und man ist per Definition Diabetiker.

Ich möchte Ihnen einen Tipp geben, den Sie ausprobieren können: Sie gehen mit leerem Magen ins Restaurant und der Kellner setzt Ihnen verführerisch knuspriges Weißbrot vor. Sie greifen zu. Was nun passiert, können Sie mitverfolgen. Da es noch eine ganze Weile dauert, bis das Essen kommt, fahren Sie so lange in der Glukose-Insulin-Achterbahn. Ich kann dabei auch nicht widerstehen, habe aber festgestellt, dass bei einem in reichlich Olivenöl getunkten Brot der Effekt sehr moderat ausfällt. Dasselbe erreiche ich mit einem Schuss Essig in meinem Mineralwasser. Die Kohlenhydrate werden dann langsamer aufgenommen. Es geht tatsächlich um den Essig, eine Essiggurke, aber auch fermentiertes Gemüse wie Kimchi oder Sauerkraut vorab wäre in Ordnung. Mit einem Glas trockenen Wein kommen wir da leider nicht hin. Aber ich gebe zu, auch mit einem (!) Glas Wein beim Essen flachen die Blutzuckerspitzen ab.

Ja, ich weiß, man möchte manchmal seiner ganzen Verzweiflung Luft machen: Was zum Teufel darf ich denn eigentlich noch? Und was hat mich eigentlich geritten, diesen Stoffwechseltest zu machen? Meine Frau hat das grüne Ticket und ich quäle mich für jedes Glas Wein und jedes Stück Kuchen mit einem schlechten Gewissen. Ich suche die Absolution und lade mir eine Buße auf! So albern das klingt, man muss sich immer wieder klarmachen: Keiner, der sich um seine Ge-

---

41 A. a. O., S. 73 ff.

sundheit bemüht, steht vor einem Gericht, das Verfehlungen ahndet. Jeder kann und muss sein Lebensrisiko selbst bestimmen, nicht die gerade, sondern die krumme Linie ist die Regel.

Vielleicht haben Sie schon von Bryan Johnson gehört? Der 45-jährige Tech-Multimillionär versucht mit massivem medizinischen Einsatz sein biologisches Alter auf 18 herunterzuschrauben. Innerhalb eines Jahres habe er sich messbar um fünf Jahre verjüngt, melden die ihn behandelnden Ärzte. Johnson tut buchstäblich alles, um das Alter zu besiegen. Er schluckt, so heißt es, 111 Tabletten pro Tag und ließ sich das Blut seines Sohnes spritzen. Johnson lebt vegan, nimmt exakt 1977 Kalorien zu sich, treibt täglich vier Stunden Sport und unterzieht sich ständig allen möglichen Untersuchungen und Behandlungen. Die Ausgaben dafür betragen pro Jahr zwei Millionen Dollar. Vereinfacht gesagt lebt der Mann, um zu überleben. Er macht alles richtig und doch auch, in meinen Augen zumindest, alles falsch. Im Vordergrund steht nicht, wofür man leben könnte, sondern ein rein kreatürlicher Lebenswille, ein physisches Funktionieren, dem der Rest untergeordnet wird.

Aus Hadis Recherchen

Die Journalistin Dagmar von Taube hat dem Tech-Unternehmer Bryan Johnson einen Besuch in Los Angeles abgestattet, um mit ihm über sein Bemühen zu sprechen, das Alter zurückzudrehen. Herausgekommen ist ein Bericht, der mich ins Grübeln bringt.[42]

„Der Tech-Mogul, der mit dem Verkauf seines Online-Bezahlsystems Braintree an PayPal vor zehn Jahren auf einen Schlag 800 Millionen Dollar verdiente und heute an über 50 Firmen beteiligt ist, zählt zu einer neuen Klasse von Superreichen, die mit dem alten Bild von Superreichen komplett gebrochen haben. Früher ging es um Statussymbole, mittlerweile ist das eigene Leben zum Statussym-

---

42 Dagmar von Taube: Für immer 18 Jahre alt – das ist das Ziel. In: WELT, 17.09.2023. www.welt.de/iconist/partnerschaft/plus247491470/Altern-stoppen-Fuer-immer-18-Jahre-alt-das-ist-das-Ziel.html (abgerufen am 29.04.2024)

bol geworden. Heute sind Themen wie Gesundheit, Transhumanismus und Verjüngung relevant. Viele, die plötzlich unermesslich reich geworden sind, wollen nicht sterben, weil ihr Leben so angenehm geworden ist, dass es für sie ewig dauern könnte. Amazon-Milliardär Jeff Bezos, PayPal-Gründer Peter Thiel oder Google-Erfinder Sergey Brin investieren Unsummen in die Langlebigkeitsforschung."

„‚Für immer 18, das ist das Ziel', strahlt der Anti-Aging-Athlet und erklärt, seine Alterungswerte seien laut seines Medizinprotokolls schon jetzt so schön, dass man sie auf ein T-Shirt drucken könnte: ‚Ich habe das Herz eines 37-Jährigen, die Lungenkapazität eines 18-Jährigen und praktisch keine Entzündungen im Körper.' Ein Gerät, das seine nächtlichen Erektionen aufzeichnet, bescheinige ihm die Manneskraft eines Teenagers. Johnson altert derzeit etwa ein Drittel langsamer als Otto Normalbürger, pro Jahr sozusagen nur 277 Tage. ‚Oktober, November, Dezember bekomme ich praktisch gratis.'"

Diese Umkehrung, das Mittel zum Zweck zu machen, sollte uns nicht unterlaufen. Alles, was wir für uns und unsere Gesundheit tun, ist nur dann wichtig und wertvoll, wenn wir es für einen Sinn einsetzen, der unsere physische Existenz überschreitet. In der Ausrichtung an einem höheren Zweck finden Gesundheitsstrategien ihre Rechtfertigung und niemals umgekehrt.

Fasten oder: Die Kunst, das Richtige zum rechten Zeitpunkt zu essen

Hat Fasten überhaupt einen Sinn, außer einem religiösen? Schon diese Fragestellung spiegelt wider, wie sehr sich unsere Auffassung von einer diätetischen Phase, die wir uns auferlegen, verändert hat. Fasten war früher eine periodische Kasteiung, um die Sünden eines sorglosen Lebensstils wenigstens halbwegs auszugleichen. Unsere Großeltern- bzw. Elterngeneration kam im wahrsten Sinne des Wortes ausgehungert aus den Notzeiten des Zweiten Weltkriegs. Mager und ausgezehrt, wie sie waren, war das Nahrhafte für sie die kulinarische Krönung: möglichst viel Fleisch, Sättigungsbeilagen, fette Saucen, reichlich Butter und sahnige Desserts. Nicht selten wurden sonntags im Restaurant von denen, die es sich leisten konnten, zwei Hauptgänge bestellt. Man hatte etwas nachzuholen. Die Physiognomien veränderten sich danach rasch: Aus den dürren Kriegsheimkehrern wurden gut gepolsterte Figuren, wie es auch Ludwig Ehrhard, der Initiator der Sozialen Marktwirtschaft und des deutschen Wirtschaftswunders, vorlebte.

Erstaunlicherweise gab es in dieser Generation einige, die trotz eines aus unserer Sicht ungesunden Lebensstils steinalt wurden und immer noch werden. Ich schildere nur meine Beobachtung, leider kann ich das nicht ausdeuten. Es gibt auch, soweit ich sehe, keine wissenschaftlichen Studien dazu. Vermutlich verfügen Menschen, die Notzeiten und Mangelernährung hinter sich gebracht haben, überdurchschnittlich oft über einen derart robusten Stoffwechsel, dass sie auch ein üppiger Lebensstil nur wenig beschädigt.

Den damaligen Genusspräferenzen entsprechend – Butter, Sahne, gehaltvolle Saucen, durchwachsenes Fleisch – setzten die ersten Diäten vor allem am Fettkonsum an. Das war gut religiös gedacht: Diät war Buße, das bedeutete weniger Sünde. Möglichst fettfrei war die Devise – Margarine statt Butter, möglichst dünn aufs Brötchen gestrichen, beschichtete Pfannen, um nahezu ohne Öl braten zu können, mageres Fleisch, fettreduzierte Milchprodukte und morgens ein gesundes Glas Orangensaft (oder eine Grapefruit, wie es in Hollywood gemacht wurde). Die Frauenzeitschrift *Brigitte* veröffentlichte seit 1969 einmal jährlich ihre gleichnamige Diät. Das Angebot sollte kalorienreduziert sein, etwa 1.200 Kalorien täglich, und dazu gab es Vorschläge für drei Hauptmahlzeiten und zwei Snacks. Der Frühling war die entscheidende Zeit, wenn der Körper in seinen Konturen wieder sichtbar wurde. Im Winter verhüllten Jacken und Mäntel die Fettpolster. Außerdem waren Weihnachten und Neujahr die kritischen Phasen, weil zu diesen Anlässen im Übermaß geschlemmt wurde. Auch der Faschingsspaß sollte niemandem verdorben werden, so war die kirchliche Fastenzeit die logische Wahl.

Erstaunlicherweise hält sich gerade der Orangensaftmythos bis heute. In jedem Hotel steht am Frühstücksbuffet eine Karaffe mit Saft bereit. Man muss sich vor Augen halten, dass ein großes Glas Orangensaft bis zu acht Orangen enthält. Haben Sie schon einmal acht Orangen nacheinander weggeputzt? Der Fruchtzuckeranteil ist natürlich brutal hoch und noch dazu direkt zugänglich. Ich habe mir einmal die Blutzuckerspitze danach angesehen, seither lehne ich den O-Saft dankend ab. Wenn Sie also Orangen gern haben oder sich ausreichend mit Vitamin C versorgen möchten, schälen Sie sich eine. Meinetwegen auch acht. Bis der Körper das alles aufgeschlossen hat, tuckert Ihre Blutzuckerkurve im Mittelmaß.

Fett war damals Fett, zwischen leeren und wertvollen Kalorien wurde kein Unterschied gemacht. Die Wirkung war enorm. So manchen vollfetten Frischkäse bekam man nur noch in Frankreich. Olivenöl und Knoblauch waren verpönt. Das roch man doch sofort. Es war die Zeit der moderaten deutschen Küche, die so gut wie nichts mit der inzwischen hochgelobten Mittelmeerkost gemeinsam hatte. Kartoffeln statt Pasta, Butter statt Olivenöl, Salat in einer Wassertunke und immer die Sauciere zum Nachnehmen auf dem Tisch. Auch die bereits aneinandergeklebten Nudeln wurden damit erst im Teller vermischt. Spaghetti wurden kurzerhand entzweigebrochen, wenn sie nicht in den Topf passten, *Parboiled* Reis, dem man durch Erhitzen, Trocknen, Schälen und Polieren alles genommen hatte, was ihn wertvoll machen könnte, war gefragt, weil er locker und körnig in der Schüssel lag.

In den 90er-Jahren machte dann die bereits mehrfach angesprochene Atkins-Diät Furore (siehe etwa Seite 91). Fett und Fleisch satt, bis zum Abwinken. Goldene Zeiten zogen herauf, bis der Hausarzt den Zeigefinger hob und warnte, dass ein derart hoher Cholesterinspiegel den Patienten ins Grab bringen würde.

Auch an anderer Stelle bewegte sich einiges: Die 80er-Jahre waren die Geburtsstunde der systematischen Sportmedizin. Zunächst widmete sich diese Disziplin in erster Linie dem Spitzensport, dann aber zunehmend mehr dem Wert körperlicher Aktivität im Allgemeinen. Von „Trimm dich!" zum modernen Work-out war es aber noch ein langer Weg. Ingo Froböse, der Sportmediziner, kann beispielhaft für die Entwicklung seiner Wissenschaft stehen, denn heute liegt sein Fokus auf Aktivitäts- und Ernährungskunde, auf Gesundheitserhaltung und Langlebigkeit.

Die nächste Phase der Diätkonzepte war die Wiederentdeckung der Kohlenhydrate in Form von Vollkornkost und der Präferenz von nicht verarbeiteter Nahrung statt Convenience Food. Auch die Problematisierung des Zuckers nahm hier ihren Ausgangspunkt. Seit dem Jahr 2000 spricht die WHO von Fettleibigkeit als einer Volkskrankheit. In Deutschland wurde dieser Schritt erst 2020 vom Bundestag offiziell vollzogen.

Seit der Kartierung des menschlichen Genoms, ebenfalls im Jahr 2000, ist eine Reihe von Anbietern auf den Markt getreten, die über eine Genanalyse eine auf den einzelnen Menschen zugeschnittene Ernährungsweise entwerfen, die seinen speziellen genetischen Schwächen und Stärken gerecht wird.

Vitamine als Zusatzprodukte waren schon seit Anfang des 20. Jahrhunderts bekannt. Die Wirkung von Vitamin D war bereits in den 30er-Jahren des letzten Jahrhunderts erforscht, aber es dauerte bis 1950, ehe man mit entsprechenden Gaben die Rachitisgefahr bei Neugeborenen bannte. Die Rolle der Vitamine war so unumstritten, dass man Bonbons Vitamin C beimischte, um sie als „gesund" verkaufen zu können. Bis in die 80er-Jahre war der Multivitaminsaft die absolute Killerapplikation: Ein, zwei Gläser und ein maximaler Gesundheitseffekt schien garantiert. Seit den 90er-Jahren begann sich, analog zu immer detaillierteren Kenntnissen über die Rolle von Vitaminen, Mineralstoffen, Fettsäuren und Antioxidantien, das Angebot zu der staunenswerten Palette von Nahrungsergänzungsmitteln zu entwickeln, die wir heute in jeder Drogerie vorfinden. Von Vitamin A, B und C über Baldrian, Johanniskraut, Weißdornextrakt und Zink ist alles verfügbar. Nur in den Schränken älterer Herrschaften hat der Melissengeist überlebt, weil sich seine Wirkung dem verdankt, was er immer schon war: ein vermeintlich gesunder Schnaps. Der große Erfolg von Nahrungsergänzungsmitteln ist nicht nur auf ein gewachsenes Gesundheitsbewusstsein zurückzuführen, sondern vor allem auf ein schlechtes Gewissen: Damit lässt sich gutmachen, was man durch Mangelernährung versaubeutelt hat.

In unserem Jahrhundert erlebte der Vegetarismus eine neue Renaissance. Aber es hat ihn immer schon gegeben. In anderen Kulturkreisen war er eher die Regel, vor allem in hinduistischen und buddhistischen Gesellschaften. Das können Sie heute noch nachvollziehen, wenn Sie in ein indisches oder auch afghanisches Restaurant gehen. In Deutschland war es die Lebensreformbewegung, die bereits Mitte des 19. Jahrhunderts eine vegetarische Ernährung propagierte. Naturheilkunde, bequeme Kleidung vor allem für Frauen, Freikörperkultur und eine neue Ernährungsweise waren einige ihrer Errungenschaften. Dem Schweizer Arzt Max Bircher-Benner verdanken wir das Rezept für Müsli, das wir (und vor allem die Schweizer) heute noch genau so zu uns nehmen. Inzwischen gibt es sie kaum mehr, aber diesem Gedanken entsprechend boten die sogenannten Reformhäuser (die Vorläufer der Bioläden) Lebensmittel und Zusatzprodukte an. Wenn man genau draufschaut: Alles, was wir heute für eine gesunde Kost fordern, stand schon damals auf dem Programm. Das Problem war, dass die Lebensreformer als weltanschauliche und nicht als wissenschaftlich fundierte Bewegung auftraten. Sich vegetarisch zu ernähren, war in erster Linie moralisch begründet. Heutzutage hat der Vegetarismus vor allem auch in seiner verschärften Form, dem Veganismus, neuen Auftrieb erhalten, weil er an neue Werte wie Tierwohl, Nachhaltigkeit und Klimaneutralität gekoppelt ist und mindestens als gesundheitlich unbedenklich erwiesen werden konnte.

Seither hat sich viel getan, weil seit Anfang unseres Jahrhunderts zunehmend mehr Studien kursierten, die den gesundheitlichen Wert dieser Ernährungsform herausarbeiteten. Ein Bauunternehmer in Bayern hat zum Beispiel seinen Arbeitertrupp mittags statt mit den üblichen Wurstportionen mit Pflanzlichem versorgt. Diese Initiative wurde rundum gelobt und auch die Esser äußerten sich zufrieden. Dann wurde jedoch ministerial die Befürchtung laut, ein Maurer oder Dachdecker ohne ausreichende Fleischversorgung könnte schwächehalber vom Baugerüst fallen.

Wahrscheinlich sind die Beamten noch nie einem Gorilla begegnet. Ein Silberrücken ist ein wuchtiger Kerl und muskulär bestens ausgestattet. Er lässt keine Anzeichen von Schwäche erkennen, obwohl er sich ausschließlich vegetarisch ernährt. Gorillas sind Schwergewichte, sie erklimmen dennoch bis zu 40 Meter hohe Bäume. Giraffen, Flusspferde, Kamele und Elefanten sind ebenfalls Pflanzenfresser und wirken dabei keineswegs anämisch. Wale sind ausschließliche Pescetarier und erreichen damit ein stattliches Gewicht. Alle Genannten sind bekanntlich Säugetiere und uns damit nicht besonders unähnlich. Das Erbgut von Gorillas unterscheidet sich nur zu etwa 1,75 Prozent von dem des Menschen. Womöglich war der Hominide auf der Jagd nach einem Sonntagsbraten nicht hinter Mammuts her, sondern saß wie der Gorilla friedlich im Busch und kaute Pflanzenstängel.

Mit dem Veganismus, der alle tierischen Produkte ablehnt, hat diese Bewegung noch einmal eine Zuspitzung erfahren, in der die Vegetarier plötzlich einer eher gemäßigt-gemütlichen Fraktion angehören. Die Debatte, die damit unmittelbar verbunden ist, ist die um das Tierwohl: Hat der Mensch das Recht, Tiere für seine Zwecke einzusetzen und durch Massenhaltung zu quälen? Sowie die Frage, ob nicht vor allem die Fleischproduktion wesentlich dazu beiträgt, die Ressourcen unseres Planeten herunterzuwirtschaften und den Klimawandel zu befördern.[43]

Meine Position habe ich bereits formuliert: Ich bevorzuge pflanzenbasierte Nahrung und Fleisch nur aus gesichert guter Haltung. Was die Ernährungsweise angeht, so rechne ich mich keiner Gruppe zu, vor allem keiner Gruppe, die andere zu missionieren versucht oder sogar bekämpft. Ehrlich gesagt: Auch in meiner Umgebung sehe ich bei den meisten Menschen das Bemühen, es möglichst richtig zu machen, ohne dass sie Situationen vermeiden könnten, in denen sie sich pragmatisch verhalten müssen. Alltagskompromisse sind, so denke ich, bei uns allen gang und gebe. Trotzdem ist es wichtig, die eigene Ernährung zu problematisieren und sie an einem vernünftigen Ideal auszurichten – vor allem, wenn man gesund altern will.

Last, not least: Eine der wichtigsten Wendungen in der Diätgeschichte ist die Neubewertung der Fette. Wir wissen heute, dass ungesättigte Fettsäuren Nützlinge und gesättigte Fettsäuren Schädlinge sind. Transfetten kommt dabei die Rolle der Schurken zu. Vor allem Nüsse, Avocado, fetter Fisch, Oliven-, Raps-, auch Sonnenblumenöl, kalt gepresst, enthalten reichlich wertvolle Öle und können bedenkenlos verzehrt werden.

Aber können wir nun endlich über das Fasten sprechen, bevor ich endgültig den Faden verliere? Danke für Ihre Geduld!

Eigentlich sollte man das Fasten umbenennen in „die Kunst, das Richtige zum rechten Zeitpunkt zu essen". Ich warte schon die ganze Zeit auf ihren Auftritt und hier sind sie nun: die dicke und die dünne Maus. Beide haben vom selben Futter gleich viel bekommen, sie gehören derselben Mäusefamilie an. Was ist da passiert? Ganz einfach: Die dicke Maus durfte rund um die Uhr futtern, die dünne nur nachts,

43 Der Albert Schweitzer Stiftung zufolge werden zur Herstellung von einem Kilo Rindfleisch wenigstens 2,6 Kilo Getreide, 15.415 Liter Wasser und eine Nutzfläche von bis zu 49 m² benötigt. Dabei werden 20,65 Kilo Treibhausgase in die Atmosphäre gebracht. Vgl. albert-schweitzer-stiftung.de/aktuell/1-kg-rindfleisch (abgerufen am 12.05.2024).

dann, wenn sich auch die Maus in freier Wildbahn auf Nahrungssuche begibt. Acht Stunden lang fraß sie, so viel sie wollte, dann war Schluss. Deshalb ist sie dünn und die andere dick!

Aus Hadis Recherchen

Inzwischen liegen einige wissenschaftliche Veröffentlichungen vor, die sich mit den Auswirkungen ständiger Nahrungsverfügbarkeit befassen. Die Tendenz, die sich dabei herauskristallisiert, deutet klar auf einen Nutzen zwischenzeitlicher Abstinenz hin.[44]

Die hier zitierte Studie ist natürlich in englischer und sehr wissenschaftlicher Sprache. Ich übersetze aus der Zusammenfassung: „Während ernährungsbedingte Fettleibigkeit ausschließlich auf eine erhöhte Kalorienaufnahme aus Fett zurückgeführt worden ist, fressen Tiere, die ad libitum (ad lib) mit einer fettreichen Diät (FD) gefüttert wurden, häufig Tag und Nacht, wodurch der normale Fütterungszyklus gestört wird. Um zu testen, ob Fettleibigkeit und Stoffwechselerkrankungen auf FD oder eine Störung der Stoffwechselzyklen zurückzuführen sind, haben wir Mäuse 8 Stunden pro Tag entweder einer Adlib- oder einer zeitlich begrenzten Fütterung (ZbF) einer FD unterzogen. Mäuse unter ZbF verbrauchen die gleichen Kalorien aus FD wie Mäuse mit spontanem Zugang, sind jedoch vor Fettleibigkeit, Hyperinsulinämie, Lebersteatose und Entzündungen geschützt und verfügen über eine verbesserte motorische Koordination. Das ZbF-Regime verbesserte die Funktion des CREB-, mTOR- und AMPK-Signalwegs sowie die Schwingungen der zirkadianen Uhr und die Expression ihrer Zielgene. Diese Veränderungen in den katabolen und anabolen Signalwegen veränderten den Stoffwechsel der Leber und verbesserten die Nährstoffverwertung und den Energieverbrauch. Wir zeigen an Mäusen, dass die ZbF-Therapie eine nicht-pharmakologische Strategie gegen Fettleibigkeit und damit verbundene Krankheiten ist."

---

44 Megumi Hatori u. a.: Time-restricted feeding without reducing caloric intake prevents metabolic diseases in mice fed a high-fat diet. PubMed, National Library of Medicine, 2012. Siehe pubmed.ncbi.nlm.nih.gov/22608008/ (abgerufen am 29.04.2024).

Sie haben es längst gemerkt, es geht um das sogenannte Intervallfasten. Für mich steht dabei inzwischen nicht eine Gewichtreduktion ganz vorne, obwohl dieser Effekt das Fasten immer auch begleitet. Es geht mir vor allem um das Ankurbeln der Fettverbrennung und das Anstoßen von Autophagie-Prozessen. Zur Erinnerung: Mit Autophagie bezeichnen wir die Fähigkeit unserer Zellen, Biomüll zu beseitigen. Diese Prozesse benötigen Zeit. Deshalb macht uns die ständige Verfügbarkeit von Nahrungsmitteln, die Verführung zum nächtlichen Plündern des Kühlschranks oder zur Mitternachtsgulaschsuppe nach etlichen Bieren (da fiele mir noch viel mehr ein!) zu einer dicken Maus.

Aus Hadis Recherchen

Franz-Werner Dipel: Intervallfasten. Die dicke Ernüchterung. PubMed, National Library of Medicine, 2012.[45]

Dieser Artikel ist zwar nur die Zusammenfassung einer Studie, die an der Universität Illinois in Chicago durchgeführt wurde, er bietet jedoch eine gut lesbare Zusammenfassung ihrer Ergebnisse, die das Intervallfasten betreffen: „Die Effekte des Fastens basieren – vereinfacht ausgedrückt – auf einer verstärkten Mobilisierung der Fettverbrennung (Lipolyse). Nach dem derzeitigen Stand des Wissens geht man davon aus, dass der menschliche Organismus nach 14- bis 16-stündiger Fastenzeit seine Energiegewinnung von einer überwiegenden Verbrennung von Kohlenhydraten auf die vorwiegende Verbrennung von Fetten umstellt. Die vielfältigen gesundheitlichen Wirkungen des Fastens werden auf die Aktivierung körpereigener Selbstreinigungsprozesse (Autophagie) zurückgeführt.

Kurz gesagt kommt es also nicht nur darauf an, wie viel und was wir essen, sondern auch darauf, wann und wie oft wir essen. Bei den klassischen Ernährungsformen wie der Mittelmeerdiät oder der Vollwertkost nach Dr. M. O. Bruker finden sich alle drei Elemente in

45 bit.ly/fasten_statt_reduktion (abgerufen am 29.04.2024)

unterschiedlicher Ausprägung wieder. In der vorliegenden Studie wurde das zeitlich begrenzte Essen nach der 16:8-Methode (Intervallfasten) mit einer konventionellen Kalorienrestriktion (Reduktionsdiät) verglichen."

„Die wichtigste Erkenntnis aus der Studie ist, dass man die gleiche Gewichtsreduktion erreichen kann, indem man die Stunden anstatt der Kalorien zählt. Die Ergebnisse legen nahe, dass zeitlich begrenztes Essen zu einer Art ‚natürlicher Kalorienrestriktion' führt. Ausschlaggebend für den Erfolg sind Länge und Lage des Zeitfensters. Intervallfasten nach der 16:8-Methode ist jedoch deutlich einfacher als eine traditionelle Reduktionsdiät, da es mit weniger Aufwand verbunden ist (kein Abwiegen von Lebensmitteln, keine Ernährungsvorschriften oder Diätpläne, kein Kalorienzählen, keine Pulverdrinks). Darüber hinaus fallen keine zusätzlichen Kosten für Diätprodukte, Shakes, Apps oder Coaching an. Im Unterschied zur Reduktionsdiät kann man sich beim Intervallfasten bei jeder Mahlzeit – innerhalb des vorgegebenen Zeitfensters – satt essen. Das wirkt sich positiv auf die Therapietreue aus."

Periodische Ausflüge in eine längere Fastenphase können ebenfalls lohnend sein. Die Prozesse, die dabei im Körper stattfinden, sind inzwischen genau untersucht: Der Fastende gerät in einen physiochemischen Zustand, der Ketose genannt wird – ich sprach oben bereits davon (siehe Seite 89). Das in der Leber und den Muskeln gespeicherte Glykogen ist nach einiger Zeit aufgebraucht und das Gehirn, unser herrisches Organ, fordert seine Untergebenen auf, rasch etwas zu tun. Prompt erfolgt die Meldung, dass der Kühlschrank bereits leer gefressen sei. „Dann macht ein paar Konserven auf!", bescheidet das Gehirn. Und das geht so: Der Fettspeicher wird angezapft. Allerdings ist mit diesem Aggregatzustand der Energie noch niemandem gedient, aus dem Fett müssen zunächst sogenannte Ketonkörper gebildet werden, die als Glukoseersatz dienen. Es geht im wahrsten Sinne des Wortes ans Eingemachte.

Es wird Sie inzwischen nicht mehr wundern, dass ich ein Gerät besitze, um das Eintreten der Ketose bei mir ermitteln zu können. Es ist nicht schwer zu bedienen, aber unterstützend kommt hinzu, dass man sich währenddessen in einem Zustand geistiger Wachheit und Klarheit befindet, in dem einem alles leichtfällt. Ich steche mir in den Finger und mein Messgerät stellt fest, ob sich Ketonkörper im Blut befinden. Ernsthaft: Diesen Zustand suchen alle die, die sich aus meditativen oder sonst wie religiösen Gründen einer Fastenkur unterziehen.

Die wissenschaftliche Literatur bezeichnet 0,5 Milligramm pro Deziliter als Wert, ab dem man in die Ketose rutscht. Ich war im Juli 2023 bei 1,9 bzw. 2 Milligramm, also tief drin. Hartes Fasten war dafür nicht notwendig, denn, wie so oft, eröffnet uns die Natur ein Hintertürchen: Die Ketose kann durch Hungern oder auch eine ketogene Ernährung erreicht werden. Diese besteht aus null Kohlenhydraten, wenig Protein und viel Fett. Vom Standpunkt des Asketen aus gesehen, ist dieser Weg unanständig, aber für den Wohlstandsbürger, der um geistige Klarheit ringt, vielleicht der richtige, weil komfortablere Weg.

Ich habe Kohlenhydrate-Entzug gemacht und mich hauptsächlich proteinreich ernährt: kein Brot, keine Nudeln, kein Reis, kein Müsli, vor allem kein Zucker und sehr wenig Obst. Nur Fisch, Fleisch, Käse, Salat. Der Verzicht auf Kohlenhydrate bei gleichzeitiger sportlicher Aktivität lässt den Glukosevorrat rasch abschmelzen. Dann beginnt der Körper, vor allem das Gehirn, sich mit Ketonkörpern zu versorgen, die bei der Fettverbrennung entstehen.

In meiner Perspektive darf die Ketose nicht mehr als ein Ausflug sein, Kohlenhydrate-Verzicht ist auf Dauer nicht gesund. Ein zeitlich begrenzter Einsatz macht jedoch den Blutzuckerspiegel stabiler und stellt die Insulinempfindlichkeit wieder her. Dazu kommt ein Effekt, den man genauer verstehen muss: In unseren Zellen befinden sich Mitochondrien, das sind Kraftwerke, die in der Lage sind, Adenosintriphosphat, kurz ATP, herzustellen. Das klingt nach dem, was es ist, ein Kraftstoff, um unseren Stoffwechsel vollziehen zu können. Gerät der Körper nun in einen Mangelzustand, bildet das einen Anreiz, mehr Mitochondrien zu bilden, wodurch im Endeffekt mehr Energie und daher auch mehr Fett verbrannt wird.

Aber Vorsicht: Es gibt eine soziale Schranke, die diesen Ausflug nicht zur Regel werden lässt. Der Fastende riecht nicht mehr gut, genauer gesagt: Er riecht süßlich-faulig nach Aceton.

Aus Hadis Recherchen

Die Website der Deutschen Diabetes-Hilfe[46] enthält alles Wichtige und Wissenswerte zu Diabetes, sowohl Handreichungen, den eigenen Krankheitszustand besser verstehen zu können, aber auch Kontakte, die Betroffenen weiterhelfen. Ein nützliches Feature ist auch das umfangreiche Lexikon, aus dem ich im Folgenden zitiere: „Aceton ist ein Stoffwechselprodukt, einer der Ketonkörper. Es ist eine organische Verbindung, die süßlich-faulig riecht. Im Haushalt wird es als Nagellackentferner benutzt. Im menschlichen Körper entsteht Aceton bei der Verbrennung von Fetten. Aceton wird über den Urin ausgeschieden, ist aber auch in der Atemluft nachweisbar. Aceton fällt an bei Insulinmangel, aber auch bei Gesunden, die längere Zeit gefastet haben."

Der Hinweis ist dezent, aber nachvollziehbar!

Während der Tour de France 2022 gab es eine heftige Diskussion um eine neue Art von Doping. Sie wissen das nun zu deuten, denn die Idee war, den Profis Ketonkörper zuzuführen, um sie in die Lage zu versetzen, ihre Glykogenreserven zu schonen. Da Ketone auch für hartgesottene Radprofis im natürlichen Zustand ungenießbar sind, wurden künstlich hergestellte Keton-Ester verwendet, die dann in Ketonkörper umgewandelt werden können. Niemand weiß, ob die

46 www.diabetesde.org/ (abgerufen am 29.04.2024)

Maßnahme tatsächlich genützt hat.[47] Aber vielleicht sollte auch Placebo-Doping verboten werden.

Abseits davon sind Rennradfahrer ein gutes Beispiel, wie sich der Fettstoffwechsel trainieren lässt. 80 bis 90 Prozent ihres Trainings finden in der Zone zwei bei mäßiger Belastung statt. Sie sind in der Lage, in diesem Bereich stundenlang in die Pedale zu treten, und müssen wenig körperlichen Aufwand betreiben. Natürlich fahren Hochleistungssportler auch damit deutlich schneller als unsereins. Mit entsprechendem Training könnten auch wir aus einer Kaffeefahrt Sport machen, weil unsere Leistungsfähigkeit immer besser würde. Vor allem die Fettverbrennung würde stärker angeregt Man sieht das ja schon an der Physiognomie der Rennradfahrer. Sie sind zaundürr, haben kein Pfund zu viel. Dabei schaufeln sie im Verlauf einer solchen Rundfahrt Unmengen von Kohlenhydraten in sich hinein. Aber die werden schon am nächsten Tag wieder durch den Schornstein gejagt. Gerade mal zehn Prozent einer Etappe absolvieren die Fahrer in Zone fünf, das bedeutet maximale Kraft, Geschwindigkeit und eine extrem hohe Wattzahl, die getreten wird.

Auch das sogenannte *Carboloading*, die hohe Zufuhr von Kohlenhydraten vor starker körperlicher Belastung, ist bei Ausdauersportlern üblich. Ich betreibe es ebenfalls, wenn ein Marathon bevorsteht. Die Idee ist, dadurch den Glykogenspeicher aufzufüllen. Am besten macht man das nicht direkt am Abend vor dem Marathon, besser ist eine Woche oder wenigstens drei Tage zuvor. Die Empfehlung lautet: Wer sich kohlenhydratreich ernähren möchte, sollte zu Vollkornnudeln oder Vollkornreis greifen. Die mögen schwerer verdaulich sein, füllen aber den Speicher ideal auf, um gut gerüstet in den Wettkampf gehen zu können.

Ein weiterer Effekt dieser Kohlenhydratkur ist, dass zusätzlich Wasser mit eingelagert wird. Man nimmt dabei logischerweise ein wenig an Gewicht zu. Das Glykogen wird, wie bereits ausgeführt (sie-

---

47 Siehe Werner Bartens: Ketone. In: Süddeutsche Zeitung, 20.07.2022. www.sueddeutsche.de/meinung/ketone-tour-de-france-kohlenstoffverbindungen-doping-1.5624828 (abgerufen am 29.04.2024).

he Seite 97), in der Muskulatur und vor allem der Leber gespeichert. Diesen Effekt machen sich auch Bodybuilder zunutze, wenn sie vor ihrer Show, ihrem Wettkampf stehen. Das klassische Menü eines Bodybuilders besteht aus viel Brokkoli und viel Hühnchen, um die Proteine abzudecken, und auch aus Reis. Weil nun mit jedem Kohlenhydratmolekül auch mehrere Wassermoleküle in den Körper gehen, wird die Muskulatur aufgepumpt und lässt sie voller erscheinen.

Es gibt zwei weitere Fastenformen, die ich noch erproben möchte: Das ist zum einen das sogenannte OMAD-Fasten. OMAD steht für *One Meal A Day*, man nimmt also nur eine Mahlzeit am Tag zu sich. Der Effekt ist ebenso einfach wie einleuchtend: Durch die Begrenzung der Zeit für die Nahrungsaufnahme werden auch die zugeführten Kalorien reduziert. Das Sättigungsgefühl stellt sich schnell ein, denn der Magen zieht sich zusammen, wenn er nur sporadisch Nahrung zur Verdauung bekommt. Der bereits zitierte David Sinclair ist beispielsweise ein OMAD-Befürworter. Den Versuch ist es wert, allerdings bin ich skeptisch: Ich esse einfach zu gern!

Weiters möchte ich das sogenannte Scheinfasten probieren. Es handelt sich dabei um eine Art Heilfasten, das die Nachteile des vollständigen Nahrungsentzugs vermeidet. Daher der Name.

Aus Hadis Recherchen

Scheinfasten wurde von dem italienischen Altersforscher Valter Longo entwickelt, der in den USA lehrt. Dabei wird fünf Tage lang die Kalorienzufuhr halbiert. Der Fastende nimmt nur pflanzliche Nahrung zu sich, wie Salat, Gemüse, Nüsse, Olivenöl und Hülsenfrüchte. Zucker, Weißmehlprodukte und tierische Proteine sind verboten. Die SPIEGEL-Journalistin Marianne Wellershoff hat bereits 2018 mit Valter Longo ein Interview über die von ihm empfohlene Methode geführt.[48]

48 Marianne Wellershoff: „Die Effekte sind enorm“, Ernährungsexperte Valter Longo über Kalorienpausen, gesunde Kohlenhydrate und das Essen unserer Großeltern. In: SPIEGEL Wissen, 1/2018, S. 34 ff.

SPIEGEL: Welche Fastenstrategie empfehlen Sie?

Longo: Nach unserem Konzept fastet man fünf Tage lang, und das alle zwei, vier oder sechs Monate, je nachdem, was der Körper braucht und wann es für den Einzelnen passt. Ein Fettleibiger mit erhöhtem Cholesterin und hohem Blutdruck beispielsweise sollte einmal im Monat ein Mal fasten; wer sehr gesund ist, alle sechs Monate. In diesen fünf Tagen verzichtet man aber nicht völlig aufs Essen, sondern nimmt noch bestimmte Nährstoffe in Suppen oder Crackern zu sich. Diese sind so abgestimmt, dass physiologische Prozesse, die beim Fasten entstehen, dennoch angestoßen werden. Wir sprechen deshalb von der Scheinfasten-Diät.

(...)

SPIEGEL: Ist es nicht das Versprechen jeder Art von Diät, dass man schlanker, gesünder und fitter durch sie wird?

Longo: Versprechen kann man viel. Und, richtig, wenn ein übergewichtiger Mensch abnimmt, ist das schon mal gut für die Gesundheit. Aber durch unsere Methode wird man gesünder, und zwar unabhängig vom Gewichtsverlust, eben weil ein Fastenstoffwechsel simuliert wird. Bei Patienten mit Multipler Sklerose oder Krebs, darauf deuten klinische Studien hin, hat periodisches Fasten das Potenzial für eine deutliche Verbesserung der Krankheitssymptome.

SPIEGEL: Welche wissenschaftlichen Belege haben Sie dafür?

Longo: Multiple Sklerose ist eine Autoimmunkrankheit. Zunächst hatten Studien an Mäusen gezeigt, dass während des siebentägigen Fastens die schädigenden Autoimmunzellen zerstört wurden und gesunde Zellen entstanden. Dann hat 2015 eine Studie an Multiple-Sklerose-Patienten belegt, dass durch das Fasten das Krankheitsbild deutlich verbessert werden konnte. Bei Mäusen regenerierte sich sogar das Myelin, das die Nervenzellen im Rückenmark ummantelt und bei der Multiplen Sklerose von körpereigenen Zellen zerstört wird. Der Körper hat also ein ungeheures Potenzial, seine Organe zu erneuern. Wir haben ähnliche Effekte bei Diabetes und Krebs beobachtet. Dieses Potenzial können wir mit der Scheinfasten-Diät erschließen.

Ich habe schon viel ausprobiert: Kalorien erfasst und reduziert – das funktioniert bei mir nicht; mich in die Ketose vorgearbeitet – das ist sozial nicht zumutbar; Kohlenhydrate reduziert – das beeinträchtigt meinen Schlaf. Was ich aber zwanglos hinbekomme, ist das Intervallfasten. Ich habe mich immer schwergetan, früh am Morgen zu essen. Schon im Studium und später im Krankenhaus war das so. Appetit und wirklichen Hunger bekomme ich erst gegen Mittag. Damit bin ich automatisch beim Intervallfasten. Abends nach 20 Uhr wird nichts mehr gegessen und am nächsten Tag mittags lande ich daher bei einem essensfreien Zeitraum von ungefähr 16 Stunden. Das mag für den Muskelaufbau nicht optimal sein, entspricht aber meinem natürlichen Rhythmus. Wenn es nicht klappt, weil ich mit Freunden oder Geschäftspartnern im Restaurant zu Abend esse – sei's drum! Eine Fehltrittquote von 20 Prozent gönne ich mir!

Hormesis oder: Was uns nicht umbringt, macht uns stärker

Ich erinnere mich leider nicht mehr genau, aber es war ein schon ziemlich zerfleddertes rotes Taschenbuch, ein Krimi wie von Agatha Christie oder Edgar Wallace. Der Mörder trainiert sich selbst mit regelmäßigen Dosen eines Gifts (selbst wenn ich noch wüsste, um welches es sich gehandelt hat, würde ich mich scheuen, seinen Namen weiterzugeben!) eine Immunität an, nimmt dann mit dem Opfer einen vergifteten Drink. Er überlebt, der andere stirbt – ein perfekter Mord.

Ist so etwas medizinisch möglich?

Ich weiß schon, was Sie denken: Hadi ist mit dem Versprechen angetreten, alles an sich selbst zu erproben – los geht's, das ist die Nagelprobe! In diese Nummer steige ich jedoch nicht ein, schon allein deshalb, weil ich womöglich mit diesem Buch nicht zu Ende käme. Das Argument reicht nicht? Wie soll ich 120 Jahre alt werden, wenn ich mich selbst vergifte? Sie haben sich von einem kühnen Pionier mehr erwartet? Gut, ich weiß den Namen des Gifts wirklich nicht mehr, ich begänne also aufs Geratewohl, bekäme bestimmt zu viel und könnte die Wahrheit über das Gift und seine Dosis nur noch in Form letzter Worte stammeln.

Nichts ist so missverständlich wie letzte Worte! Lassen Sie mich ganz hoch greifen: Goethe wird der Wunsch nach „Mehr Licht!" zugeschrieben. Das ist würdig und schön und hat vor allem die metaphysische Qualität, die wir bei unserem Großmeister vermuten dürfen. Man sollte jedoch nicht vergessen, dass Goethe in Frankfurt am Main geboren wurde und dort aufwuchs. Goethe sprach Hessisch. Die Rückkehr ins vertraute Idiom der Kindheit ist für einen Sterbenden nichts Neues. Dann klingt das doch eher nach „Mer liecht ...!", und der arme Mann konnte seinen Satz nicht mehr vollenden, um ausdrücken, ob er nun gut oder unbequem liege.

Wir können dennoch über Gifte sprechen, die wir zu uns nehmen und die uns guttun. Das Prinzip, um das es geht, nennt sich *Hormesis*, kommt aus dem Altgriechischen und meint so viel wie Anregung oder Anstoß. Sicher erinnern Sie sich noch an die Diskussion um die Covid-Impfung. Die Problemstellung war, den Körper mit dem Erreger bekannt zu machen, um ihn dazu anzuregen, damit fertigzuwerden. Es liegt auf der Hand, dass hier nicht das Original-Virus verabreicht wird, sondern eine verstümmelte, eine Teilvariante, die uns nicht gefährlich werden kann, aber genug biologische Signatur mit sich bringt, um eingedrungene Erreger danach identifizieren und bekämpfen zu können. Viele andere Impfungen verfahren ähnlich: Das ist das Prinzip der Hormesis, burschikos könnte man sagen: Was uns nicht umbringt, macht uns stärker. Oder wir schauen ins 16. Jahrhundert zurück und führen Paracelsus mit dem viel zitierten Hinweis an: Die Dosis macht das Gift.

Aus Hadis Bibliothek

Richard Friebe: Hormesis. Das Prinzip der Widerstandskraft. Carl Hanser Verlag 2016.

Friebe arbeitet das Prinzip in seinen vielfältigen Erscheinungen heraus und erkennt darin eine Evolution der Resilienz. Ob Pharmazie, Sport, Stress oder Sauna, wir konfrontieren uns ständig mit etwas, das uns eigentlich nicht förderlich ist. Aber es ist eine Binsenweisheit des Sports, dass höhere Leistung nur durch temporäre Überforderung entstehen kann. Wir setzen uns einer Überlastung aus, gehen an oder sogar über eine physische Grenze und nennen das Training. Ausdauer, Muskeln und alles andere auch können nur wachsen, wenn sie strapaziert werden. „*Use it or lose it*", heißt das im Sportlerjargon. Friebe gelingt hier eine umfassende Darstellung. Allerdings gibt das Buch keine praktische Anleitung, wie viel wovon. Also versuchen Sie es gar nicht erst und bleiben Sie bei der Sauna und der Impfung.

„Beispiele für Stoffe, die in niedrigen Dosen letztlich gesundheitsfördernd, in höheren aber durchaus giftig wirken, sind etwa Naturstoffe wie Allicin aus Knoblauch, Sulforaphan aus Kohl, Curcumin aus Currygewürz oder Polyphenole und Flavonole aus Heidelbeeren, Kakaopflanzen und anderen Früchten. Dazu kommen Arzneimittel wie etwa das Diabetes-Medikament Metformin, das als wirksamstes gegen diese Krankheit überhaupt gilt. Auch eines der wenigen effektiven Haarwuchsmittel, Minoxidil, scheint in diese Klasse zu gehören – weshalb man als Mann auch aufpassen sollte, sich nicht zu viel davon aufs schüttere Haupt zu massieren." (S. 18)

„Gesundheit ist kein Zustand, sondern eine Bereitschaft zur richtigen Reaktion auf Störfaktoren. Sie ist nichts Statisches, sondern etwas sehr Dynamisches. Sie ist kein Sein, sondern ein ständiges Erwerben. Es ist nicht anders als bei eigentlich allen anderen Lebensprozessen. Nicht umsonst wenden sich inzwischen mehr und mehr

Wissenschaftler vom Begriff der *Homöostase* ab, wenn es darum geht, einigermaßen stabil gehaltene physiologische Gleichgewichte zu beschreiben. Der neuere, treffendere Begriff hierfür heißt nun *Homöodynamik*.

Gesundheit ist die Fähigkeit, stets und stetig mit körpereigenen Antwort-Prozessen derart dynamisch auf Störungen von innen wie außen reagieren zu können. Sie ist die Fähigkeit, das dynamische Gleichgewicht, das Leben heißt, nach der Störung wieder herzustellen und zu erhalten." (S. 33)

Leider sitzen wir einander nicht gegenüber, ich glaube trotzdem, in Ihren Augen lesen zu können, was Sie denken. Mit belastenden Einflüssen wie Gift, Stress oder Viren sind Stoffe oder Prozesse gemeint, die auch in kleinen Dosen unzweideutig als schädlich identifiziert werden können. Wer hofft, er könne sich mit kleinen Mengen an Süßigkeiten, Chips, Pommes oder Bier zu den ganz großen auftrainieren, ist auf dem Holzweg. Ein Glas Bier ist zweifelsohne gesund, denn Bier enthält wegen seiner natürlichen Brauart (Wasser, Malz, Hopfen und Hefe) viele Vitamine und Mineralien. Viele Gläser Bier bedeuten aber in erster Linie zu viel Alkohol und Kohlenhydrate, machen, dauerhaft genossen, abhängig und produzieren eine Fettleber. Deshalb ist der Weg vom Glas zum Kasten kein Hochsteigen, sondern ein sozialer und körperlicher Abstieg. Süßigkeiten sind Zucker pur, Pommes und Chips, wenn wir zweifelhafte Inhaltsstoffe wie Acrylamid, das beim Frittieren entsteht, einmal beiseitelassen, Stärke pur. Zucker und Stärke wiederum sind Kalorienbomben. Wenn schon, nehmen Sie nur wenig davon zu sich. Das tue ich auch! Denken Sie an den bereits zitierten Paracelsus: Die Dosis macht das Gift!

Meine Formen der Hormesis, denen ich mich unterziehe, sind vor allem Hitze, Kälte und Sport. Alle drei stellen sogenannte Stressoren dar, die uns härter machen. Ich bin Kaltduscher, jeden Tag stehe ich für eine Minute unter der eiskalten Brause. Zweimal pro Woche gehe ich in die Sauna, ein Kardiotraining der angenehmen Art, das *Heat-Shock-*

Proteine“ erzeugt. Mehr dazu im nächsten Kapitel. Sport mache ich mindestens viermal pro Woche, dazu gehören Krafttraining für den Muskelaufbau und Laufen.

Atmung – ein Scharnier zwischen Körper und Geist

Bis hierhin mag der Eindruck entstanden sei, dass wir wie ein Fahrzeug mit Nahrungsbetankung durch den Tag kommen. Irgendwann meldet sich der Hunger und wir füllen auf. Tatsächlich ist es so, dass wir uns ständig, alle drei bis fünf Sekunden, Energie zuführen müssen. Wir atmen. Das Zwerchfell zieht sich zusammen und vergrößert so das Lungenvolumen: Wir ziehen Luft in unsere Lunge. Von dem Gas, das wir uns zuführen, benötigen wir nur den Sauerstoff, das Kohlendioxid atmen wir wieder aus. Das Zwerchfell entspannt sich, das Lungenvolumen verkleinert sich und drückt so die verwertete Luft wieder heraus.

Ich komme immer wieder ins Grübeln, wenn ich diesen Prozess Revue passieren lasse. Der Mensch ist unablässig mit seiner Umgebung verbunden, er steht mit ihr in einem ständigen Energieaustausch. Wir sind nicht nur selbst Natur, sondern auch in die uns umgebende Natur eingebunden. Ohne diesen Stoffwechsel existieren wir nicht, die Vorstellung, dass wir abgeschlossene Wesen sein könnten, ist eine Illusion. Wir sind Teil eines Weltorganismus. Von ihm getrennt wären wir nichts.

Wer das ein Stück weiterdenkt, begreift sofort, warum Atmung und die Kontrolle über sie einen wesentlichen Teil aller Meditationstechniken ausmachen. Der Meditierende praktiziert ein körperliches Verstehen dieses Weltzusammenhangs.

Wozu aber Atmung? In den Lungenbläschen wird der Sauerstoff an das Blut übergeben und rote Blutkörperchen transportieren ihn überall dort hin, wo er benötigt wird, und das sind so ziemlich alle Teile unseres Körpers. Kohlendioxid wird auf umgekehrtem Weg zurückgeschafft und über die Lunge ausgeatmet. Atmung ist ein Vorgang, der ohne unser bewusstes Zutun funktioniert, unwillkürlich, denn auch im Schlaf und anderen Zuständen, in denen unser Bewusstsein ausgeschaltet ist, sind wir auf Sauerstoff angewiesen. Das Erlöschen der Atmung ist das Ende des Lebens.

Der Sauerstoff wird bei der sogenannten Zellatmung benötigt. Dabei werden die in die Zelle transportierten organischen Stoffe oxidiert, also mithilfe des Sauerstoffs in das bereits erwähnte ATP (siehe Seite 116) umgewandelt, in den maßgeblichen Kraftstoff unseres Körpers. Kurz gesagt: Die Freisetzung der in der Nahrung enthaltenen Energie funktioniert nur mit Sauerstoff. Vor allem das Gehirn benötigt ständig Sauerstoff, um arbeiten zu können. Kurzzeitiger Mangel führt zu Schwindel, Benommenheit, längeres Ausbleiben zu schweren, irreversiblen Schäden.

Beim Thema Laufen habe ich Ihnen schon kurz von diesem Stoffwechsel berichtet. Wir laufen los, benötigen mehr Energie, atmen daher intensiver und schneller, um den benötigten Sauerstoff beizubringen. Das heißt, wir bewegen uns im aeroben Bereich, in dem wir Fett verbrennen. Reicht der Sauerstoff für die Energiegewinnung nicht mehr aus, geraten wir in den anaeroben Bereich und müssen auf unsere Glukose-/Glykogenreserven zurückgreifen. Ist auch dies nicht mehr genug, zieht der Körper den Stecker und wir brechen zusammen.

Ich beschränke mich hier auf das Wesentliche, schließlich sind Sie in keinen Biologiekurs geraten, aber den Hinweis, dass auch unsere Entgiftung nur mit Sauerstoff betrieben werden kann, weil Leber und Niere darauf angewiesen sind, desgleichen unser Immunsystem, um Erreger zu beseitigen, möchte ich doch noch geben. Mit guter Sauerstoffzufuhr tun Sie bereits eine ganze Menge für sich. Also hinaus an die frische Luft!

Der Niederländer Wim Hof figuriert unter der Berufsbezeichnung „Extremsportler“. Er propagiert durch öffentliche Auftritte seine „Wim-Hof-Methode“, eine Atemtechnik, die ihn weitgehend unempfindlich gegen Kälte macht. Sie soll einer tibetischen Meditationstechnik entsprechen, durch die es gelingt, die eigene Körpertemperatur kontrolliert hochzufahren und sich damit gegen Kälte zu wappnen. Natürlich hat diese Technik dort auch einen spirituellen Sinn, der sich in der tibetischen Variante des Buddhismus ausdrückt. Wim Hof setzt sich mit dieser Technik selbst in Szene, er hält und brach mehrmals den Rekord im Eisbaden, er bestieg in Shorts, mit Schuhen und sonst nichts den Kilimandscharo, in ähnlicher Ausrüstung lief er bei minus 20 Grad einen Marathon und kletterte in über 7.000 Meter Höhe am Mount Everest herum, bis ihn eine Verletzung zum Umkehren zwang.

Muss das sein? Eigentlich nicht, es entspricht auch keinem Ideal natürlicher Lebensweise, die wir zivilisatorisch abgeschafft hätten, denn auch der Ötzi trug, wie wir wissen, ein gut gemachtes Pelzwams und Lederhosen. Wozu das also? Ich selbst würde gern diese imponierende Körperkontrolle beherrschen. Vielleicht schenkt man mir zum zehnjährigen Dienstjubiläum einen Kurs bei Wim Hof. Ich verspreche schon jetzt, dass ich auch künftig nicht in Unterhosen in die Arbeit kommen und mich nicht leicht bekleidet in unseren Garten zum Meditieren legen werde.

Aus Hadis Recherchen

Der Reporter und Moderator Niklas Potthoff hat es getan: Er nahm an einem Kurs bei Wim Hof teil. Seine Schilderung (Audio zum Download) ist interessant und witzig:[49]

„Die Methode basiert auf drei Säulen. Die erste ist eine spezielle Form der Atmung. Es geht um viele schnelle, aber tiefe Atemzüge. Eine Art kontrollierte Hyperventilation. Anschließend hält man möglichst lange die Luft an. Im Körper wird dadurch Adrenalin freigesetzt.

Die zweite Säule ist die Kälteadaptation. Sprich, das Bad in der kalten Wanne. Zur Gewöhnung dusche ich mich jetzt immer ganz

49 Niklas Potthoff: Was ist dran an tief einatmen und kalt baden? In: Deutschlandfunk Kultur, 12.03.2020. www.deutschlandfunkkultur.de/hype-um-wim-hof-methode-was-ist-dran-an-tief-einatmen-und-100.html (abgerufen am 29.04.2024).

kalt ab. In diesem Moment verstehe ich auch die dritte Säule der Methode: Willenskraft."

„Die Effekte der Atemtechniken auf den eigenen Körper bestätigt auch die Forschung. So erhöht sich der pH-Wert des Blutes kurzzeitig – und wird dadurch ‚basisch'. Die Immunabwehr wie auch die Steuerung des autonomen Nervensystems verbessern sich."

„Insgesamt 80 Kilogramm Eiswürfel schwimmen in der Badewanne. Das Wasserthermometer zeigt ein Grad Celsius an. Nach und nach werden je zwei Leute für zwei Minuten in die Badewanne geschickt …"

„Geschafft: Das Überraschende, ich friere nicht. Mein Oberkörper explodiert nahezu vor Wärme. Ich fühle mich wach und fit, bewege mich voller Adrenalin, bis auch der letzte aus der Badewanne kommt."

Ich habe das auch schon versucht, zugegebenermaßen in einem kleineren Rahmen. Die Sauna hat mich während eines Skiurlaubs in Österreich hochgeheizt und nicht das ausgefeilte Atmen. Dann bin ich für immerhin eine Minute in einen ansonsten zugefrorenen See gestiegen. Ich fühlte mich, als hätte man mich rundum in Nadeln gepackt, die Beine schmerzten und dann brannte der ganze Körper wie bei einem Nesselfieber. Das Schönste daran war, das Eisloch wieder verlassen zu dürfen. Als wir dann bei einem Glas Wein im Restaurant saßen und auf die tief verschneiten Hänge blickten, fühlte ich mich großartig. Immerhin bin ich bei der kalten Dusche geblieben, das fällt, wie im vorigen Kapitel ausgeführt, unter Hormesis: Dem Körper wird eine Stressreaktion abverlangt, durch die Proteine gebildet werden. Auch durch Hitze funktioniert das. In der Sauna werden sogenannte *Heat-Shock*-Proteine (= Hitzeschockproteine) erzeugt, die einen Reinigungsprozess forcieren. Wie durch eine Müllabfuhr werden abgestorbene Zellen entsorgt. Ähnliches spielt sich bei Kälte ab.

Diese bringt einen weiteren positiven Effekt mit sich, für dessen Verständnis ich eine Erklärung voranschicken muss. Der Mensch besitzt zwei Arten von Fett: gelblich-weißes und braunes. Das gelb-weiße Fett (das wir des Schweinespecks wegen für schneeweißes halten möchten) polstert uns mehr oder weniger aus. Es lagert sich im Unterhautgewebe und leider auch im Bauchinneren an. Das braune ist von seiner Charakteristik her ebenfalls Fett, es unterscheidet sich jedoch durch ein wesentliches Merkmal vom gelben: Es ist reich an Mitochondrien. Mitochondrien sind, wie bereits erwähnt (siehe Seite 116), die Kraftwerke der Zellen. Sie verschaffen diesem Fett auch die braune Farbe. Kinder, vor allem Neugeborene, haben viel braunes Fett an sich, das sich im Lauf der Zeit zurückzieht. Bei Erwachsenen findet sich diese Reserve hauptsächlich zwischen den Schulterblättern. Man konnte feststellen, dass Kälte diese Schicht zum Wachsen anregt. Mitochondrien erzeugen Wärme im Körper und benötigt dafür Energie. Erhöhter Energieverbrauch ist gleichbedeutend mit einer Hochregulierung des Stoffwechsels. Der kalorische Grundumsatz steigt.

Aus Hadis Recherchen

Alexander Bartelt lehrt an der Ludwig-Maximilians-Universität München als Professor für kardiovaskulären Stoffwechsel. Sein Fachgebiet sind die Grundlagen von Fettleibigkeit, Diabetes und Gefäßerkrankungen, im Interview erklärt er mehr über menschliches Fett.[50]

Wo findet sich dieses Gewebe?
Babys haben am Rücken und zwischen den Schulterblättern relativ viel braunes Fett. Lange war die Lehrmeinung, dass dieses Gewebe bei Erwachsenen dann verschwindet. Aber 2002 wies man es durch Zufall erstmals mittels radiologischer Verfahren unter den Schlüsselbeinen und im Halsbereich von Versuchspersonen nach.

---

50 Frederik Jötten: „Die größte Stellschraube ist das Essen". Interview mit Alexander Bartelt. In: Süddeutsche Zeitung, 3.1.2022, www.sueddeutsche.de/gesundheit/abnehmen-kaelte-eis-schwimmen-intervallfasten-diaet-1.5498912 (abgerufen am 29.04.2024).

Wie funktioniert es?
Im braunen Fett sind außerordentlich viele Mitochondrien, die Eisen enthalten und den Zellen ihre dunklere Farbe verleihen. Die Mitochondrien bauen Zucker und Fett ab und stellen daraus normalerweise das Energiespeichermolekül ATP her. Braune Fettzellen haben aber einen molekularen Trick, wodurch sie Fette und Zucker einfach direkt in Wärme umwandeln. Wenn Rezeptoren auf der Haut einen Kältereiz melden, dann wirft das Gehirn diese Wärmeproduktion an. (...)

Kann man abnehmen, wenn man sich eine möglichst kalte Umgebung schafft?
Ja, mit einem thermogenen Lebensstil kann man Kalorien verbrennen. Ich lüfte zum Beispiel oft, und das Thermostat meiner Heizung ist auf 18 Grad eingestellt. Auch im Winter trage ich meistens keine Jacke, sondern nur eine Weste, sodass meine Arme der Außentemperatur ausgesetzt sind. Es geht darum, kleine Kältereize in den Alltag einzubauen, um das braune Fett kontinuierlich zu stimulieren. (...)

Gibt es keine andere Möglichkeit, das braune Fett zu aktivieren, als über Kälte?
Doch, es gibt in der Nahrung viele Substanzen, die das braune Fettgewebe aktivieren. Das sind sekundäre Pflanzenstoffe, vor allem die scharfen Gewürze. Wenn einem heiß wird bei scharfem Essen und einem der Schweiß die Stirn herunterläuft, dann hat das unter anderem damit zu tun, dass das braune Fett aktiviert wird.

Für alle, die jetzt denken: „Iiihh Fett!“, sei gesagt, dass auch das gelbweiße Fett einen Energiespeicher darstellt, der sich perfekter nicht konzipieren ließe. Das Wesen eines solchen Speichers ist aber nicht, ständig gefüllt, sondern eben auch geleert zu werden. Wenn der Mensch rundum ausgepolstert, der Speicherplatz also erschöpft ist, wird Fett an und in die Organe einlagert. Leberverfettung stellt ein großes Problem dar, weil sie das Funktionieren dieses wichtigen Organs blockiert. Vom braunen Fett könnten wir eigentlich nicht genug haben, aber unser Körper ist eben kein Wunschkonzert, er reagiert auf alles, was wir ihm zumuten, im Guten wie im Schlechten.

Nach diesem Ausflug möchte ich auf eine grundlegendere Betrachtung der Atmung zurückkommen. Die Atmung koppelt uns an die Umwelt und sorgt im besten Fall für Wohlbefinden. Sie reagiert aber auch unmittelbar auf äußere Reize, die uns angespannt machen und Emotionen wie Angst oder Panik auslösen. Wie bei einem zügigen Lauf versteht der Körper solche Signale als erhöhte Leistungsanforderung. Er versetzt uns in die Lage, durch gesteigerte Energiezufuhr einen wie auch immer gearteten Stressauslöser zu bewältigen. Bei der Wim-Hof-Technik ist zu beobachten, wie rasche, tiefe Atmung die chemische Zusammensetzung des Blutes verändert. Unser Herzschlag beschleunigt sich, um rundum die zusätzliche Energie zur Verfügung stellen zu können. Dieser Mechanismus ist zweifellos ein segensreicher, weil er die menschliche Art ertüchtigt hat, Bedrohliches zu meistern. Das Problem ist jedoch, dass dieser Mechanismus auch durch Anlässe in Gang gesetzt werden kann, die sich nicht körperlich auflösen lassen, wie beispielsweise psychischer Stress.

Ich möchte den Zusammenhang vereinfachen: Auf äußere Reize reagieren wir mit Emotionen, die uns in einen physischen Bemeisterungsmodus versetzen: Wir rüsten uns. Nun ist aber unser Atem- und Herz-Kreislauf-System in doppelter Hinsicht an Emotionen gekoppelt: Es reagiert nicht nur auf Gefühlszustände, es löst sie auch aus. Wer (scheinbar anlasslos) hyperventiliert, zu schnell zu tief atmet, verspürt Panik. Wer als Vorboten eines Herzinfarkts Verengung und Einschnürung im Brustbereich wahrnimmt, erlebt einen Angstzustand. Wessen Herz zu rasen beginnt, der erfährt es ebenfalls als Panik. Der tibetische Mönch mag in der Lage sein, seine Atmung und damit seine Gefühle vollständig zu kontrollieren, wir sind es in der Regel nicht.

Die zivilisatorische Last, die wir uns aufgebürdet haben, ist, dass sich Stresssituationen nicht mehr physisch ausagieren lassen und sich somit körperliche Reaktionen verselbstständigen, die ursprünglich eine Antwort auf Umweltgefahren waren. Spätestens jetzt könnten Sie besser verstehen, was körperliche Aktivität so heilsam macht: der physische Effekt, uns gesund zu erhalten, und der psychische, die verloren gegangene Kontrolle über körperliche Prozesse zurückzugewinnen. Die Atmung wirkt in diesem Zusammenhang wie ein Scharnier zwischen Körper und Geist.

Aus Hadis Bibliothek

James Nestor: Breath – Atem. Neues Wissen über die vergessene Kunst des Atmens. Piper 2021.

James Nestor ist Journalist und hat sich auf Erkundungsreise begeben, um Methoden des erweiterten, kontrollierten und womöglich richtigen Atmens zu studieren. Ausgangspunkt waren eigene Probleme mit der Atmung, die zu gesundheitlichen Störungen geführt hatten.
„Mir ging es schon seit Monaten ziemlich schlecht. Ich hielt den Druck der Arbeit nicht mehr aus, und mein 130 Jahre altes Haus fiel auseinander. Ich hatte mich gerade von einer Lungenentzündung erholt. Im letzten Jahr hatte ich ebenfalls eine gehabt. Und im Jahr davor. Ich verbrachte die meiste Zeit zu Hause, keuchte vor mich hin, arbeitete (...). Nachdem ich einige Monate so dahinvegetiert hatte, befolgte ich den Rat des Arztes und meldete mich für einen Einführungskurs in einer Atemtechnik namens Sudarshan Kriya[51] an.“ (S. 12)

51 Hier eine seriöse Quelle zu dieser Atemtechnik: Sameer A. Zope and Rakesh A Zope: Sudarshan kriya yoga: Breathing for health. National Library of Medicine 2014. www.ncbi.nlm.nih.gov/pmc/articles/PMC3573542/ (abgerufen am 29.04.2024). Es handelt sich hier um eine Metastudie, die bereits vorhandene Publikationen sichtet und bewertet. Der Kernsatz (von mir übersetzt): „Yoga-Atmung, definiert als Veränderung der Atembewegung, wirkt sich nachweislich positiv auf die Immunfunktion, Ungleichgewichte des autonomen Nervensystems und psychische oder stressbedingte Störungen aus.“

Trotz anfänglicher Skepsis erfährt Nestor die Anleitung zum bewussten Atmen als Ausstieg aus erstarrten Routinen und Durchbruch zu mehr Tatkraft: „Wie sehr wir auch auf die Ernährung achten, wie viel Sport wir treiben, wie widerstandsfähig unsere Gene sein mögen, wie schlank, jung und klug wir auch sind – das alles hilft nichts, solange wir nicht richtig atmen. Der fehlende Stützpfeiler der Gesundheit ist die Atmung. Sie steht am Anfang." (S. 18)

Zwei Hinweise sind erwähnenswert: Nestor führt an, der Mensch habe mit Einführung verarbeiteter Nahrung das Kauen drastisch reduziert. In der Folge hätten sich Mund- und Nasenhöhlen verengt und die Zähne schief gestellt. Solche Veränderungen würden den Luftstrom behindern. Weiteres zeigt Nestor in einem martialischen Selbstversuch: Er ließ sich die Nase verstopfen, um ausschließlich durch den Mund atmen zu können. Seine Vitalwerte entwickelten sich dadurch katastrophal: Sein Blutdruck stieg um 20 Punkte, er begann zu schnarchen, litt infolge davon an einer Schlafapnoe, die die Sauerstoffsättigung des Blutes auf 90 Prozent drückte (ein gesunder Wert liegt zwischen 95 und 100 Prozent). Auch sonst stellten sich Unzuträglichkeiten ein, wie Abgeschlagenheit und Antriebslosigkeit.

Seine wichtigste Botschaft lautet: Atmen Sie durch die Nase! Nasenatmung reinigt, erwärmt und befeuchtet die Luft. Die Sauerstoffaufnahme steigt, ebenso der Stickstoffoxidspiegel, der eine bessere Blutzirkulation befördert.

Die Nasenatmung habe ich verinnerlicht, immer schon. Die Härchen und die oberen Nasenwege filtern Luftpartikel, das leuchtet ein. Schließlich wollen wir nur reine Luft in unsere Lungen lassen. Dieser Effekt verschwindet, wenn wir durch den Mund atmen. Auch beim Sprechen atmen wir nicht durch den Mund, das würde eher wie Luftschnappen anmuten, sondern durch die Nase. Das ideale Atmen besteht im Mittel aus einer 5,5 Sekunden dauernden Einatmungs- und einer ebenso langen Ausatmungsphase. Für den Gasaustausch genügt das.

Ich messe ständig meine Atemfrequenz und stelle fest, dass sie zwischen 16 und 17 Atemzügen pro Minute liegt. Das ist viel! Eigentlich bräuchten wir nur sechs. Allerdings betrachtet man eine durchschnittliche Frequenz von 15 bis 18 Atemzügen pro Minute als normal. Ich versuche immer wieder einmal, mir diese 5,5 Sekunden anzutrainieren. Bei mir funktioniert das leider nur mit Uhr. Den Effekt empfinde ich als wohltuend, besonders das Gefühl von Wärme im Winter. Außerdem wirkt diese Atmung beruhigend, die Herzfrequenz verlangsamt sich, auch der Blutdruck sinkt. Genau das hat James Nestor festgestellt. Interessanterweise halten die unterschiedlichsten meditativen Übungen, sogar Gebete, diesen Rhythmus ein. Allein mithilfe der Atmung bringen sich Gläubige in einen kontemplativ-spirituellen Zustand. Und das seit Jahrhunderten, denn die Art der Rezitation, das Mantra, wurde von Generation zu Generation weitergegeben.

Ich bedaure wirklich, dass ich immer noch eine bewusste Anstrengung aufwenden muss, um diese Art der Atmung zu praktizieren. Ideal wäre eine Art automatische Krisenintervention: Man wird unruhig, gerät in Wallung oder wird sonst wie nervös und beginnt fast reflexhaft, dagegenzuarbeiten, indem der Atem ruhig gehalten wird.

Immerhin mache ich jeden Morgen nach dem Aufwachen noch im Bett Atemübungen. Dabei ziehe ich die Luft zuerst in den Bauchraum hinunter und dann erst in die oberen Lungenbereiche. Fünf bis sechs Sekunden atme ich durch die Nase ein und dann in derselben Zeit durch die Nase oder den Mund wieder aus. So beginnt der Morgen mit einer Art Meditation für mich und ich starte entspannt in den Tag.

Wenn ich besonders aufmerksam und energiegeladen sein möchte, dann führe ich die sogenannte Feueratmung durch, wie sie Wim Hof propagiert. Die Technik habe ich mir in einigen YouTube-Videos abgeguckt: Ich atme dabei schnell und intensiv durch die Nase ein und durch den Mund aus. Danach halte ich die Luft an, was mir bis zu zwei Minuten lang gelingt. Anschließend fange ich wieder von vorne an. Nach zwei Zyklen bin ich voll Energie und hellwach. Nachmachen ist erlaubt, aber mit Vorsicht, denn es könnte sein, dass einem dabei schwindelig wird.

Guten Morgen! Oder: Je weniger man schläft, desto kürzer das Leben

Sicher haben Sie auch schon eine Version dieser Wandersage gelesen, der zufolge ein eisenharter Manager allenfalls fünf Stunden pro Nacht schläft, um Mitternacht zu Bett geht und im Morgengrauen eiskalt duscht, um erneut sein Tagwerk in Angriff zu nehmen. Auch Napoleon wird in diesem Zusammenhang gerne genannt, der sich gerühmt haben soll, nur fünf Stunden Schlaf zu benötigen. Er verbrachte sie auf einem mit Segeltuch bespannten eisernen Klappbett, das allerdings mit drei Matratzen (von unten nach oben: Pferdehaar, Wolle und Daunen) aufgepolstert war. Den restlichen Schlaf holte sich der kaltblütige Kaiser selbst in angespanntesten Situationen durch kurze Nickerchen.

Das sind, wie wir inzwischen wissen, Märchen. Wenn es diesen eisenharten Manager wirklich gibt, dann ist er auf dem besten Weg in einen prädementen und gesundheitlich prekären Zustand, in dem er vergesslich wird, falsche Entscheidungen trifft und auf einen Herzinfarkt zusteuert. Und Napoleon war aller Wahrscheinlichkeit nach Narkoleptiker, er litt unter Schlafattacken, gegen die er nichts unternehmen konnte. So soll er während Entscheidungsschlachten ebenso in einen Kurzzeitschlaf verfallen sein wie bei Audienzen. Er soll dabei in eine befremdliche Starre gesunken sein, in der er nicht mehr wahrnehmen konnte, was um ihn herum vorging. Auch Alfred Hitchcock war angeblich Narkoleptiker. Er sei des Öfteren auf seinem Regiestuhl eingenickt und beim Essen mit dem Gesicht vornüber im Suppenteller gelandet.

Das große Übel, mit dem wir uns hier auseinanderzusetzen haben, ist die fehlende Wertschätzung dem Schlaf gegenüber. Wer viel schläft, gilt als träge und faul. Sprichwörtlich dafür ist Oblomow, die Hauptfigur aus Iwan Gontscharows gleichnamigem Roman, geworden. Dem lethargischen, entscheidungsschwachen Adeligen gelingt es kaum noch, sein Bett zu verlassen. Gesellschaftliche und geschäftliche Verpflichtungen werden immer weiter aufgeschoben und weggeschlafen. Natürlich endet die Geschichte tragisch: Oblomow verfällt, erlischt nach einem sinnlosen Leben.

Noch bis in unsere Tage wurde der Schlaf einfach als passiver Zustand verstanden, als die Abwesenheit von Wachheit. Mit der Entwicklung geeigneter Sensoren ist es dann gelungen, die Hirnaktivitäten während des Schlafs zu messen, und dabei ergab sich Erstaunliches: Grob gesagt gibt es zwei Schlafphasen, den sogenannten REM-Schlaf (*Rapid Eye Movement*), in dem wir lebhaft träumen, und den NREM- oder Non-REM-Schlaf, den man wiederum in eine Übergangsphase von der Wachheit zum Schlaf (Phase 1), eine Leichtschlafphase (2) und eine Tiefschlafphase (3 und 4) auffächert. Kurz nach dem Einschlafen versinken wir zunächst rasch in einem Tiefschlaf, aus dem wir dann auftauchen und zu träumen beginnen. Zu Anfang überwiegt der Tiefschlaf, gegen Morgen der Traumschlaf. Den Hauptanteil bildet jedoch der leichte Schlaf. Wer sich wie lange in welcher Phase aufhält, ist individuell verschieden, vor allem aber altersabhängig. Im Alter reduziert sich der Tiefschlaf und die Ruhezeit wird insgesamt von mehreren Wachphasen unterbrochen.

Wie jedes andere Wesen auch unterliegen wir einem 24-Stunden-Rhythmus, der in erster Linie durch Tag und Nacht bestimmt wird. In einem Experiment wurde die Funktion dieser zirkadianen Uhr überprüft. Auch ohne die Signale des Sonnenlichts pendelt sich der Mensch in einem Rhythmus ein, der etwa 24 Stunden entspricht. Licht hilft uns, die innere biologische Uhr nachzujustieren, sie verändert sich jedoch auch in vollständiger Dunkelheit nicht.[52] Nach dieser inneren Uhr zu leben, in einem Biorhythmus also, empfiehlt

52 Vgl. Michael W. Young: Wie die innere Uhr tickt. In: Spektrum der Wissenschaft, 01.06.2000. www.spektrum.de/magazin/wie-die-innere-uhr-tickt/826487 (abgerufen am 29.004.2024).

sich dringend. Am Morgen erreicht die Ausschüttung des Stresshormons Kortisol ihren Höhepunkt, wir fühlen uns leistungsbereit und fit (sofern wir nicht die Nacht durchzecht haben). Im Lauf des Tages baut sich das Kortisol ab und das Adenosin zunehmend auf, was für einen Schlafdruck sorgt. Adenosin ist ein Abbauprodukt bei der Vernetzung von ATP im Gehirn. Wird es dunkel, schüttet unsere Zirbeldrüse zusätzlich Melatonin aus, das eine ähnliche Funktion wie das Gute-Nacht-Lied für kleine Kinder hat: Zeit, ins Bett zu gehen! Morgens ist das Adenosin verschwunden und das Kortisol schiebt uns wieder zu Aktivitäten.

Diese zirkadiane Taktung verästelt sich bis in die Zellen unseres Körpers, sie ist uns eingeschrieben, was so viel heißt wie: Widerstand zwecklos! Allerdings gibt es innerhalb dieses 24-Stunden-Rhythmus Verschiebungen, die einem großen Teil von uns leidvoll bekannt sind: Lerchen gehen früh zu Bett und stehen früh auf, Eulen gehen spät ins Bett, müssen aber bedauerlicherweise ebenfalls früh aufstehen, weil der Alltag so strukturiert ist. Matthew Walker (ich stelle ihn mit seinem Buch noch ausführlich vor) gibt an, dass es etwa 40 Prozent Morgenmenschen und 30 Prozent Abendmenschen gibt, der Rest, der Normaltyp, liegt dazwischen. Zum Glück gehöre ich zu den beweglichen Letzteren: Werktags gehe ich gegen 23 Uhr zu Bett und stehe um 7 Uhr auf, wochenends wird es Mitternacht und ich schlafe bis etwa 8 Uhr, manchmal auch 8:30 Uhr. Walker vermutet einen stammesgeschichtlichen Ursprung dieser Verschiebung. Legten sich die einen früh und die anderen spät für acht Stunden schlafen, blieb die Gruppe nur für vier Stunden ungeschützt.[53]

Dass nicht gemäße Schlafrhythmen keine vernachlässigbare Größe sind, zeigt die Umstellung von Winter- auf Sommerzeit, die nach allgemeiner Ansicht chronobiologischer Unsinn ist. Wenn wir eine Stunde Schlaf einbüßen, zeigt eine kumulierte Statistik von 1,6 Milliarden Menschen in 70 Ländern am folgenden Tag eine Zunahme von Herzinfarkten um 24 Prozent! Wenn uns die angesparte Stunde

53 Siehe Matthew Walker: Das große Buch vom Schlaf. Goldmann 2018, S. 36 f.

im Herbst wieder zurückgegeben wird, sinkt diese Rate um 21 Prozent.[54]

Für unausgeschlafene Eulen sowie Kinder und Jugendliche, deren Schulbeginn in aller Regel zu früh angesetzt ist, sind die Folgen gravierend. Schlafmangel führt zu einer um 40 Prozent verringerten Gedächtnisleistung. Wer morgens eine Prüfung zu absolvieren hat, für den können die Folgen fatal sein.[55]

Nicht nur das, es gibt weitere gesundheitliche Einbußen, wenn man gegen die zirkadiane Uhr lebt: Der Stoffwechsel wird erheblich gestört, die dafür zuständigen Gene werden nicht mehr korrekt an- und abgeschaltet. Normalerweise ist ein Enzym zuständig, dafür zu sorgen, dass in der Nacht Fett abgebaut wird, um die Zeit ohne Nahrung zu überbrücken. Unter Schlafentzug greift dieser Mechanismus nicht mehr, und wir bekommen stattdessen Hunger. Wer dann isst, legt nicht nur an Gewicht zu, sondern trainiert sich mit einiger Wahrscheinlichkeit Diabetes an. Studien an Schichtarbeitern deuten darauf hin.[56]

Kommen wir noch einmal auf die Schlafphasen zurück und sehen zu, was genau dabei vonstattengeht. Nach einer Übergangsphase treten wir in den Tiefschlaf ein. In dieser Zeit, in der sich die Hirnaktivität als besonders langwellig darstellt, findet, so Walker, ein Datentransfer statt: Erinnerungen werden aus dem Kurzzeit- ins Langzeitgedächtnis verschoben, es ist, als würden Sie die Daten aus dem Arbeitsspeicher Ihres Computers auf die Festplatte speichern. Genau das macht den Schlaf für das Lernen (auch das motorische!) so wichtig: Durch diesen Transfer verfügen wir über die angelernten Informationen, dazu wird der Kurzzeitspeicher wieder für neue Wahrnehmungsdaten frei. Gerade Lernende sollten deshalb viel und ausreichend schlafen,

---

54 Siehe Matthew Walker: Schlaf ist Ihre Superkraft. TED-Talk, April 2019. 8:29 ff. www.ted.com/talks/matt_walker_sleep_is_your_superpower/footnotes/transcript?language=de (abgerufen am 29.04.2024).

55 Ebd., 1:52 ff.

56 Siehe Klaus Wilhelm: Chronobiologie. Innere Uhren im Takt. Max Planck Gesellschaft, 12.10.2016. www.mpg.de/10778204/chronobiologie (abgerufen am 29.04.2024).

eine Verkürzung des Schlafs für mehr Lernzeit bewirkt das genaue Gegenteil. Darüber hinaus machen sich in dieser Phase verschiedene Aufräum- und Reparaturtrupps auf den Weg, um unseren Stoffwechsel und unser Immunsystem wieder auf Vordermann zu bringen und körperliche Schäden zu reparieren. Es konnte zum Beispiel festgestellt werden, dass Alzheimer durch Ablagerungen im Gehirn entsteht. In der NREM-Phase wird dort das sogenannte glymphatische System aktiv, die Neuronen ziehen sich zusammen und ermöglichen damit den Abtransport von Schadstoffen und Abfallprodukten. Auf einen kurzen Nenner gebracht: Guter und ausreichender Schlaf arbeitet der Demenz entgegen.

Im REM-Schlaf ist unser Gehirn hyperaktiv. Die gemessene Wellencharakteristik entspricht annähernd unserem Wachzustand: Wir träumen. Im Traum kann uns alles Mögliche und Unmögliche widerfahren, wir erleben Szenen und Handlungssequenzen, in die jede beliebige Person an jedem nur denkbaren Ort eingebunden werden kann. Deshalb ist es entscheidend, dass wir in dieser Phase gelähmt sind, das Gehirn gibt Befehle, uns zu bewegen, nicht weiter. Das Gegenteil wäre schlimm – wir würden um uns schlagen, gestikulieren, uns auf den Weg wohin auch immer machen und vieles mehr, was uns eben gerade im Traum vor Augen steht. Nur weil wir in der Bewegung blockiert sind, können wir in Gedanken solche Aktionen ausleben.

Es ist zu vermuten, dass der REM-Schlaf zwar keine exklusive, aber doch eine weitgehend menschliche Errungenschaft darstellt. Er dient der emotionalen Stabilisierung, wir erleben auch bittere Erfahrungen, können ihnen aber im Traum die Schärfe nehmen. Wir wachen versöhnter auf. Desgleichen werden Verbindungen zu entlegenen Daten geknüpft, unser assoziatives Vermögen wird ausgestattet. Walker wagt die Behauptung, dass es der REM-Schlaf gewesen ist, der die Komplexität unseres soziokulturellen Umfelds und unserer kognitiven Intelligenz mitgestaltet hat. Im REM-Schlaf können wir Beziehungen wieder austarieren und eine rationale Kontrolle unserer Emotionen zurückgewinnen. Schlafen hilft, Krisensituationen zu überwinden und uns wieder neu auszurichten.

Aus Hadis Bibliothek

Matthew Walker: Das große Buch vom Schlaf. Goldmann 2018.

Man kann dieses Buch getrost als Standardwerk zum Thema bezeichnen. Walker ist Professor für Neurowissenschaften und Psychologie an der University of California, Berkeley, wo er als Direktor dem dortigen Schlaflabor vorsteht. Seit mehr als 20 Jahren ist er mit diesem Thema befasst, das ihm nach eigener Auskunft eine Herzensangelegenheit ist. Ich wüsste kein Buch zu nennen, das ähnlich umfassend, kenntnisreich und bisweilen spitzzüngig über den Schlaf informiert. Dabei versteht sich Walker als Aufklärer, er schreibt nicht für die Wissenschaft, sondern versucht, alle die zu erreichen, die uneinsichtig sind und zu wenig schlafen. Wenn man bedenkt, in welches schiefe Licht der Schlaf immer noch gestellt wird, bedarf es eines solchen Buches, das auch die gelegentliche Übertreibung nicht scheut.

„Je weniger man schläft, desto kürzer das Leben.“ (S. 14)

„Im Gehirn fördert der Schlaf zahlreiche Funktionen, darunter unsere Fähigkeit, Dinge zu erlernen, uns zu erinnern und logische Entscheidungen zu treffen. Schlaf dient unserer psychischen Gesundheit, indem er unsere emotionalen Schaltkreise im Gehirn neu kalibriert, sodass wir soziale und psychische Herausforderungen am nächsten Tag mit kühlem Kopf meistern können.“ (S. 18)

„Träume bieten jeder Spezies, die das Glück hat, sie zu erleben – auch dem Menschen –, einzigartige Vorteile. So liefern sie unter anderem ein beruhigendes neurochemisches Bad, das schmerzliche Erinnerungen lindert, sowie eine virtuelle Realität, in der das Gehirn Vergangenheit und Gegenwart miteinander verschmelzen lässt, um Kreativität zu fördern. In anderen Körperregionen frischt der Schlaf unseren Vorrat an Abwehrkräften auf, sodass wir bösartige Tumoren bekämpfen, Infektionen verhindern und Krankheiten aller Art abwehren können.“ (S. 19)

„Ausgewogene Ernährung und ausreichend Bewegung sind lebenswichtig, das steht außer Frage. Mittlerweile gilt Schlaf jedoch als überragende Größe in diesem gesundheitsrelevanten Dreigestirn.“ (S. 19)

„Der Schlaf kann das Problem der Speicherung unserer Erinnerung also sehr elegant lösen, wenn erst der Non-REM-Schlaf dominiert und Überflüssiges beseitigt, bevor der REM-Schlaf mit geschickter Hand verbindet, verknüpft und Einzelheiten ergänzt.“ (S. 69)

„Dieser durch den REM-Schlaf geförderte emotionale IQ brachte eine neue und weitaus ausgefeiltere Version der hominiden Sozioökologie hervor, die große Kollektive umfasste, aus denen große, emotional ausgeklügelte, stabile, eng miteinander verbundene und äußerst soziale Gemeinschaften von Menschen entstanden.“ (S. 109)

Jenseits aller wissenschaftlichen Erkenntnisse ist es eine Alltagserfahrung, dass zu wenig Schlaf das Wohlbefinden erheblich beeinträchtigt. Der unausgeschlafene Mensch ist körperlich und geistig nicht auf der Höhe und daher reizbar und misslaunig. Mir geht das nicht anders, zumal ich immer wieder einmal ein Schlafdefizit mit mir herumschleppe, wo doch sieben bis acht Stunden ideal wären. Bei größerer sportlicher Belastung sollten es sogar bis zu neun Stunden sein. Aber mal kränkelt ein Kind in der Nacht, der Jetlag bei interkontinentalen Reisen hat mich im Wickel oder eine ausgiebige Feier mit Freunden kam dazwischen. Das Gute, oder eigentlich: das Problem, ist die Menge der Sensoren, die ich am Leib habe und die mir erbarmungslos spiegeln, wie mein Körper auf den Entzug reagiert:

- Die Atemfrequenz nimmt zu, was auf eine schnellere und flachere Atmung schließen lässt.
- Der Ruhepuls ist höher.
- Die Herzfrequenzvariabilität ist niedriger. Ein hoher Wert steht für eine gute Leistungsbereitschaft. Je vielfältiger die Frequenz

sich darstellt, desto anpassungsfähiger sind wir in unterschiedliche Belastungssituationen.

- Der Blutzucker ist erhöht. Dazu verstärkt unzureichender Schlaf das Verlangen nach Süßem, was, wenn man ihm nachgibt, den Blutzucker weiter erhöht.

Anhaltender Schlafmangel führt, wie bereits erwähnt, zu hohem Blutdruck und kann sogar Demenz begünstigen. Guter Schlaf und Sport sind daher die beste Prophylaxe. Noch Fragen? Nein? Dann wünsche ich Ihnen den ergiebigen und gesunden Schlaf, auf den ich mich jede Nacht freue!

Eines noch, zum davon Träumen: Ich bewege mich täglich in einem Umfeld, in dem viele sogenannte Hochleister mit ihrem Schlafdefizit prahlen. Kennen Sie das auch? Machen Sie es wie ich und denken bei sich: Ein Mangel wird nicht dadurch behoben, dass man ihn als Heldentat deklariert. Jetzt aber gute Nacht!

Menschen, nichts als Menschen! Oder: meine Familie, meine Freunde und ich

Denken Sie noch einmal an die *Blue Zones* zurück, die ich bereits dargestellt habe, wo sich die Menschen als besonders langlebig erwiesen haben. Eines der wesentlichen Merkmale ihres Lebensstils ist ausgeprägte soziale Integration. Man unterscheidet in der Soziologie unterschiedliche Formen des sozialen Zusammenhalts: einerseits gesellschaftliche Bindungen, die in der Regel eher rationaler Art sind, wie Arbeitsverhältnisse oder Geschäftsbeziehungen, andererseits gemeinschaftliche Bindungen, die in vorindustriellen Zeiten die Regel waren. Gemeinschaft unterscheidet sich von der Gesellschaft durch einen emotionalen Zusammenhalt, der sich aus gemeinsamen Traditionen, Zielvorstellungen und kulturellen Bindungen ergibt, wie wir sie vor allem aus dem familiären Bereich kennen. Das mutet jetzt ein wenig papieren an, aber ich möchte Ihnen deutlich machen, dass sozialer

Zusammenhalt in den *Blue Zones* deutlich mehr ist als eine prall gefüllte Kontakt-App. Das Problem im Spätkapitalismus, also in unserer Epoche westlichen Lebensstils, ist gerade, dass wir eine Unzahl an sogenannten „Freunden" haben: Follower oder Like-Verteiler, mit denen wir keine verbindlichen Beziehungen pflegen würden. Gehen Sie Ihre Liste einmal durch und überlegen, wer davon bereit wäre, Sie zu besuchen, wenn Sie mit einer ernsteren Krankheit in der Klinik lägen. Viele würden Ihnen nur ein Traurigkeit darstellendes Emoji schicken, andere würden Sie in so schlechter Verfassung gar nicht sehen wollen, übrig bliebe bestenfalls ein kleines Häuflein, dessen Hilfe Sie gerne annehmen würden. Wenn überhaupt findet Gemeinschaft nur noch in einer eng umrissenen Kernumgebung statt, nur dort prägt sich noch *Community* aus, wenn Sie so wollen.

Der Unterschied liegt auf der Hand: In den *Blue Zones* fügen soziale Bindungskräfte die Menschen über ihren persönlichen Bereich hinaus zusammen, wir erfreuen uns bestenfalls eines stabilen Freundeskreises. Ein Beispiel für einen solchen sozialen Kitt ist, wie auf Sardinien oder Ikaria, zwei der *Blue Zones*, Gastfreundschaft gepflegt wird. Fremde zu versorgen ist hier ein Wert, der einem Überlebensprinzip gleichkommt: Ich helfe anderen und weiß, dass auch mir in einer Notlage geholfen wird.

Der französische Soziologe Marcel Mauss hat diesen Austausch untersucht und ihn „Gabenökonomie" genannt.[57] Die Gabenökonomie ist ein Kennzeichen archaischer Gesellschaften, in der Güter nicht als Waren zirkulieren, sondern als Geschenke. Das Äquivalenzprinzip des Tauschs – Ich gebe dir so viel, wie du mir gibst – wird sogar umgedreht, denn der Gebende versucht, den Beschenkten durch Großzügigkeit zu beschämen. Die Ausläufer dieser Gabenökonomie reichen bis in unsere heutige Gesellschaft, wir kennen sie alle auch aus eigener Erfahrung. Wer beschenkt wird, fühlt sich zum Gegengeschenk verpflichtet. Es herrscht sogar eine Art Wettbewerb: Wer durch ein Geschenk beschämt wurde, erstattet ein noch größeres zu-

57 Marcel Mauss: Die Gabe. Suhrkamp 1968.

rück. Deshalb spricht man oft von „sich revanchieren". Als gesellschaftliches Prinzip sorgt eine solche Gabenökonomie für das Überleben und die Versorgung der Gemeinschaft.

Ich denke, diese Hinweise sind ausreichend, um eine Idee dafür zu entwickeln, dass die Gemeinschaften der *Blue Zones* mehr zusammenhält als gesunde Kost und frische Luft. Wir studieren diese Gegenden deshalb so genau, weil wir hoffen, das Modellhafte in ihnen zu entdecken, etwas, das uns selbst als Vorbild dienen könnte, um länger und glücklicher zu leben. Bei dem entscheidenden Punkt des sozialen Zusammenhalts stellen wir aber rasch fest, dass wir ihre Art der Vergemeinschaftung entweder nicht mehr nachbilden können oder wollen.

Eine weitere *Blue Zone* liegt bei den Siebenten-Tags-Adventisten in Loma Linda, Kalifornien. Augenscheinlich ist es ihr Glaube, der sie zusammenfügt, dazu die Lebenshaltung und die Einrichtungen, die ihm entspringen.

- Adventisten glauben an die baldige Wiederkehr von Jesus Christus. Sie legen die Bibel auf besondere Weise aus, achten den Sabbat und betrachten den Leib als Tempel Gottes. Der gemeinsame Glaube ist die Grundlage ihrer Gemeinschaft.
- Adventisten ernähren sich im Wesentlichen vegetarisch, vorwiegend von Hülsenfrüchten, Gemüse und Nüssen. Wasser ist ihr Hauptgetränk. Nach 19 Uhr wird nicht mehr gegessen. Ihr BMI liegt im Durchschnitt deutlich unter 30. Viele Wege machen sie zu Fuß.[58]
- Die Adventisten pflegen enge Beziehungen in ihren Kirchengemeinden. Dort finden Gottesdienste, Treffs und unterschiedliche soziale Aktivitäten statt.
- Loma Linda hat ein hervorragend ausgebautes Gesundheitssystem. Das Medical Center ist eine der modernsten Einrichtungen, die immer wieder in medizinische Grenzbereiche vorstößt:

---

58 Vgl. Froböse, a. a. O., S. 16.

Einführung einer Protonenbestrahlung bei Krebs, Verpflanzung eines Pavianherzens in einen Menschen.

Aus Hadis Recherchen

Loma Linda hat etwa 26.000 Einwohner, davon sind 9.000 Adventisten. Das Krankenhaus, das Loma Linda University Medical Center[59], hat demgegenüber die Dimension einer Großstadtklinik. Ich zitiere und übersetze:

„Unser akademisches medizinisches Zentrum gilt als führend im Gesundheitswesen und leistet Pionierarbeit in Bereichen wie Organtransplantation, Krebsbehandlung und kardiologische Versorgung. Mit 320 lizenzierten Betten bietet unser Krankenhaus Hunderttausenden Patienten pro Jahr kompetente Pflege in nahezu allen Fachgebieten. Als eines der beiden Level-1-Traumazentren der Region bieten wir auch den Landkreisen San Bernardino, Riverside, Inyo und Mono die modernste verfügbare Traumaversorgung."

„Die Mission von Loma Linda University Health besteht darin, den Lehr- und Heilungsauftrag Jesu Christi fortzusetzen. Unser Ziel ist es, ‚den Menschen zu einem Ganzen zu machen', in einem Umfeld, das die medizinische Wissenschaft vorantreibt und ein anregendes klinisches und Forschungsumfeld für die Ausbildung von Ärzten, Krankenschwestern und anderen Gesundheitsfachkräften bietet."

Schon dieser kurze Einblick in das Leben der Adventisten zeigt, wie unsinnig *Cherry Picking* ist. Es handelt sich um ein umfassendes und in gewisser Weise geschlossenes Lebenssystem. Daraus den Schluss zu ziehen, mehr Hülsenfrüchte und mehr Wasser zu sich zu nehmen, ist sicher löblich, führt aber nicht zum gewünschten Ziel.

Wenn wir gesund und in Würde alt werden wollen, kommen wir nicht umhin, uns ein passendes gemeinschaftliches Umfeld zu schaf-

59 lluh.org/locations/loma-linda-university-medical-center (abgerufen am 29.04.2024)

fen. Zwischen der Gruppe und ihren Mitgliedern besteht eine Wechselwirkung: Der Einzelne prägt die Gruppe, wie auch sie ihn formt. Die Veränderbarkeit eines solchen Zusammenhalts hat ihre Grenzen. Wer einer Gruppe von Motorrad-Enthusiasten angehört, wird sich schwertun, aufs Fahrrad umzusatteln. Brutal gesagt: Wer fortlaufend gegen den Komment verstößt, fliegt raus! Diese Befürchtung hat mich zu Anfang meines Weges zu einem gesünderen Leben bewogen. Wie würde meine Familie, wie würden meine Freunde reagieren? Gleichgültig, genervt, animiert? Natürlich fühlen sich viele bei ihrem schlechten Gewissen gepackt. Aber abgewendet hat sich keiner, was sicher auch damit zusammenhängt, dass ich keine Prinzipien statuieren muss, wenn die Situation nicht danach verlangt. Zum Beispiel beim Thema Alkohol. Bei Wein bin ich immer geneigt, eine Ausnahme zu machen, aber nicht blind, sondern ganz bewusst. Wer sich nichts gönnen kann, verhärtet sich. Das gilt auch für Süßigkeiten wie Schokolade oder Kuchen. Schon deshalb fühlt sich mein Freundeskreis nicht bei den eigenen, gegenläufigen Prinzipien gepackt.

Selbstverständlich verbietet es sich auch, sich eitel in Pose zu werfen und dem aus dem Leim gegangenen Bekannten zu bedeuten, dass auch er eine schlanke Figur und einen trainierten Körper haben könnte, wenn er sich nur mehr am Riemen reißen würde. Schnauze halten! – das habe ich mir bei solchen Gelegenheiten strikt verordnet. Allerdings sind schon einige Frauen mit der Bitte auf mich zugekommen, ihren Mann davon zu überzeugen, sich mir in punkto Ernährung und Sport anzuschließen. Ehrlich gesagt, reiße ich mir dabei kein Bein aus. Ich frage mal, ob der Bezeichnete nicht Lust hätte, mit mir eine Runde zu laufen. Ernährungstipps gebe ich nur, wenn ich darum gebeten werde. Viele Lichter leuchten auch unter dem Scheffel hell genug. Entscheidend ist doch, dass der eingeschlagene Weg mir hilft.

Eine Ausnahme mache ich nur beim Thema Schlaf. Das ist unverfänglich. Viele sind für den Hinweis empfänglich, dass ein guter, gesunder Schlaf unabdingbar ist. Schlaf ist der Nummer-eins-Faktor, der sich ganz unmittelbar auf meine Erholung auswirkt. Ich kann das zeigen, weil ich meine Daten vorhalte und überprüfe. Hier stößt man auf offene Ohren, denn Stress, dem heute fast alle ausgesetzt sind, wirkt sich negativ auf die Erholung aus und kann durch Entspannung und Schlaf kompensiert werden. Leider ist der schlimmste Faktor dabei der Alkohol: Ich kann jedes genossene Glas ziemlich direkt vom Erholungswert meines Schlafes abziehen. Wein trinke ich gern, aber nicht regelmäßig, und ich mache mir klar, dass dieser Genuss seinen Preis hat. Auch in meinem Freundeskreis wäre ein kompletter Verzicht undenkbar. Ich verarbeite das so: Das Bewusstsein, dass Alkohol ein Gift ist, macht seinen Genuss zu etwas Besonderem. Ihn als das zu behandeln, was er ist – eine Droge –, macht den Umgang mit ihm vernünftig.

Aus Hadis Recherchen

Prof. Robert Waldinger leitet eigenem Bekunden nach die am längsten laufende Studie zur Entwicklung des Menschen und erzählt darüber in einem Interview.[60] Seit 85 Jahren beobachten er und seine Vorgänger dieselben Männer aus Boston, ursprünglich 724, von denen heute noch 40 am Leben sind. Die Frage, der dabei nachgegangen wird, ist, was ein glückliches und erfolgreiches Leben ausmacht. Es wurden dabei nicht nur die Probanden selbst befragt, sondern auch ihre Ehefrauen. Stressresilienz wurde ebenso gescannt wie Gehirne und Gene. Ein multiperspektivischer Ansatz also. Auf die Frage, was die körperliche Gesundheit erhält, antwortet Waldinger exakt das, was ich nun auch schon vielfach herausgestellt habe. Im Interview wird es danach hochinteressant, wenn Waldinger ausführt: „Aber dann haben wir uns gefragt: Wie lässt sich am besten voraussagen, ob jemand glücklich altert? Und die Antwort war: Die Wärme der Beziehungen einer Person ist entscheidend."

60 Mario Stäuble: Wie wird man glücklich? Interview mit Robert Waldinger. In: Süddeutsche Zeitung, 19.01.2023. www.sueddeutsche.de/projekte/artikel/gesellschaft/glueck-beziehungen-robert-waldinger-e276198/ (abgerufen am 29.04.2024).

Haben Sie mit diesem Fazit gerechnet?
Zuerst glaubten wir unseren eigenen Resultaten nicht. Klar, wir alle wissen, dass Körper und Geist zusammenspielen. Aber dass dieses Zusammenspiel so stark ist, dass Ihre Beziehungen beeinflussen, ob Sie eine Herzkrankheit bekommen ...

Das hat Sie überrascht?
Ja. Und so haben wir – und viele andere Forschende – die vergangenen zehn Jahre damit verbracht, diese Frage zu ergründen: Wie hängt das zwischenmenschliche Leben mit körperlicher Gesundheit zusammen?

Wie lautet heute Ihre Antwort?
Ha! Eine Hypothese ist: Es hängt mit Stress zusammen. Beziehungen regulieren Stress. Ich mache Ihnen ein Beispiel: Wenn ich mich während meines Arbeitstages stark ärgere, schaltet mein Körper in einen „*Fight or Flight*"-Modus: Puls und Blutdruck steigen. Das ist so weit gut, weil es anregt – aber wenn der Stressmoment vorbei ist, soll sich der Körper auch wieder erholen.

Da helfen gute Beziehungen?
Sie kennen vielleicht das Gefühl: Wenn Sie mit einem Freund über Ihren Frust sprechen, spüren Sie die Entspannung fast physisch. Wer im Gegenzug niemanden hat, um sich auszutauschen, bleibt länger im „*Fight or Flight*"-Modus. Wir sehen bei einsamen Personen einen höheren Pegel an Stresshormonen. Wir sehen höhere Entzündungswerte. Also ja: Gute Beziehungen helfen.

Können Sie genauer beschreiben, was eine „gute" Beziehung ausmacht?
Es gibt viele Elemente. Die nächsten Beziehungen haben mit Sicherheit zu tun. Wir erforschen ein Merkmal, das wir Bindungssicherheit nennen. Die Testfragen gehen so: Gibt es jemanden in Ihrem Leben, der für Sie da ist, wenn Sie in eine Notlage geraten? Wen könnten

Sie mitten in der Nacht anrufen, wenn Sie krank sind oder Angst haben? Manche Studienteilnehmer geben eine ganze Liste von Personen an. Andere können niemanden nennen. Obwohl manche von ihnen verheiratet sind! Aber sie schreiben ihre Partnerin, ihren Partner nicht auf, zum Beispiel, weil die Beziehung zu distanziert geworden ist. Wir glauben, dass jede und jeder von uns mindestens eine solche Person braucht."

Eindrucksvoll! Wie aber schafft man sich ein wohltuendes soziales Umfeld? Ich selbst beherzige ein paar Regeln, die schon einiges dazutun. Sich für andere zu interessieren, setzt voraus, die eigene Neugier hochzuhalten. Lassen Sie mich das ausnahmsweise und nur der Klarheit halber provokant sagen: Was nützt Ihnen ein Sozialkontakt, wenn Sie und der andere dumm wie Weißbrot sind? Man trinkt einen Kaffee oder ein Bier, leiert den üblichen Sermon herunter und belästigt einander mit Mutmaßungen und Ressentiments. Kontakte bringen nicht nur Forderungen des Gemüts, sondern auch des Geistes mit sich. Gespräche brauchen ein Thema. Ich lese daher gerne und versuche, mich rundum für Neues zu interessieren, weil ich immer mehr lernen und verstehen möchte. Aus dieser Haltung heraus entdecke ich Freunde. Logischerweise handelt es sich bei solchen Personen nicht um notorische Nörgler und Griesgrame, sondern um wache, Zuversicht vermittelnde Menschen. Stelle ich fest, dass mich Gespräche mit einem anderen erschöpfen oder auslaugen, sage ich Adieu. Gute Gespräche geben Energie, daran kann man sich stets halten, auch wenn man nicht ständig einer Meinung ist.

Als Auswahlkriterium taugt das ganz gut, es ist gleichwohl nur die halbe Miete. Denken Sie an Viktor Frankl, den ich vor einigen Kapiteln als Zeugen aufgerufen habe (siehe Seite 47). Frankl hatte drei wichtige Stützpfeiler eines glücklichen Lebens genannt:

- Etwas zustande bringen
- Lieben und mitfühlen können
- Einen persönlichen Sinn stiften

Um Letzteres ist es mir hier vor allem zu tun. Sinn entsteht nur in sozialen Zusammenhängen. Robinson Crusoe braucht auf seiner einsamen Insel keinen Sinn, es geht für ihn nur um das Überleben (Grüße an Bryan Johnson von hier aus!). Sinn ist ein Lebensengagement, das Sie auf eine einfache und zwanglose Weise mit anderen verbindet, zumal dann, wenn Sie in der Lage sind, anderen Sympathie entgegenzubringen.

Ich greife in die Sinnkiste und nehme, was zuoberst ist: Ihnen liegen Umweltbelange am Herzen. Sie suchen und finden Gleichgesinnte, die sich in ähnlicher Weise dieses Anliegen zur Aufgabe gemacht haben. Zweifellos werden Sie unter diesen Leuten Freunde finden, weil Sie nicht nur eine Tasse Kaffee miteinander verbindet, sondern ein gemeinsames Projekt. Entscheidend dafür sind die gemeinsame Haltung zur Welt und Sympathie zueinander. Die Mitglieder eines Kaninchenzüchtervereins tun sich da deutlich schwerer: Sie haben zwar ein gemeinsames Projekt, aber ansonsten möglicherweise ganz unterschiedliche Auffassungen. Der Kassenwart des Vereins mag zwar die dicksten und langohrigsten Karnickel heranzüchten, darüber hinaus möchte man aber nichts mit ihm zu tun haben.

Aus Hadis Bibliothek

Hans Franke: Auf den Spuren der Langlebigkeit.
Schattauer 1985.

Wir hatten ihn bereits (siehe Seite 43), aber seine Gedanken sind es wert, noch einmal beleuchtet zu werden. Ein Ruf aus den frühen Tagen der Altersforschung! Das macht aber nichts, denn wir wissen, dass wir auch von den Alten lernen können. Das große Thema, das ihn damals genauso beschäftigt hat wie mich heute, ist, Gesundheit wiederzugewinnen und bis ins hohe Alter zu erhalten. Franke nennt zehn Regeln, die das Älterwerden günstig beeinflussen. Ich zitiere das (mir) Wichtigste:

„1. Strebe im Laufe Deines Lebens durch sinnvolle Beschäftigung mit nutzbringendem Gedankengut einen möglichst *hohen Bildungsgrad mit reichem Erfahrungsschatz an.* (...)

2. Es hat keinen Sinn, den physiologischen Alternsvorgang zu verneinen, vielmehr *stehe man dem Lebensabend bejahend gegenüber.* (...)

3. Halte auch im Alter *Maß in allen Dingen.* (...)

4. *Hüte Dich* als Pensionär oder Rentner *vor der sozialen Vereinsamung* und psychischen Eigenbrötelei. (...)

5. Verändere im höheren Alter Deine gewohnten Lebensumstände möglichst nicht. (...)

6. *Hüte Dich vor ungünstigen Lebensbedingungen.* Nicht nur eine sinnvolle geistige Tätigkeit, sondern auch eine angemessene Muskelarbeit (...) sind lebensfördernd. (...)

8. Sorge in Deinem Arbeits-Lebensrhythmus (...) für genügend Ausgleich und Erholung. (...)

9. *Versuche,* durch Beachtung gewisser makrobiotischer Regeln (Diät, Lebensführung, Ess- und Trinkverhalten, psychische und körperliche Tätigkeiten) *Deine* (...) *Lebensspanne lebenswert zu gestalten.*" (S. 154 ff.)

Ich möchte dieser Betrachtung noch einen Gedanken anfügen, der mir besonders wichtig ist: Der Prüfstein jedes verbindlicheren sozialen Zusammenhalts ist die wechselseitige Hilfe. Das können wir von der Gabenökonomie lernen. Der Geiz verunstaltet jede Freundschaft, nur die Großzügigkeit ist souverän.

Das Fazit kurz und krass: Einsamkeit tötet!

Natürlich habe ich auch schon darüber nachgedacht, wer mich im Krankenhaus besuchen würde. An erster Stelle steht meine Familie, was nicht selbstverständlich ist, denn viele erwarten sich von ihrem Partner wenig oder nichts. Dazu zwei Freunde. Mit dem einen tausche ich mich regelmäßig aus, mit dem anderen habe ich eine Vereinbarung geschlossen, dass wir uns mindestens einmal jedes Quartal treffen. Das genügt, Qualität geht vor Quantität! Man sollte neben seiner Ehepartnerin, seinem Ehepartner wenigstens einen Freund haben, dem man bedingungslos vertrauen kann. Alles darüber hinaus wären Überraschungsbesuche, über die ich mich jedoch freuen würde.

Unser Körper ist ein Ganzes

Die Idee von unserem Körper als einem zusammenhängenden System ist alt. Seine Organe, Gliedmaßen und Teile stehen nicht für sich, sondern sind miteinander verbunden, sie leisten etwas füreinander und funktionieren nur zusammen. Lange Zeit schien dieses Verständnis von esoterischen Ansätzen gepachtet, die moderne Medizin mit ihrer Spezialisierung in Fachrichtungen könne solche Vorstellungen nicht umsetzen, hieß es.

Inzwischen hat die klassisch spezialisierte Medizin ordentlich Gegenwind bekommen. Alle von mir angeführten amerikanischen Autoren sind entschiedene Anhänger der *functional medicine*, der funktionellen Medizin. Dieser Ansatz ist auf Zusammenhänge ausgerichtet, weil in einem Organismus jedes Teilsystem einen wichtigen Beitrag zum Funktionieren des Ganzen leistet. Das Ausfallen eines solchen Teilsystems beeinträchtigt alle anderen gleichermaßen. Zugespitzt könnte man sagen: Wir funktionieren ganz oder gar nicht.

Beleuchten wir das von einer anderen Seite: Person X geht wegen zu hohem Blutdruck und Blutzuckerspiegel zum Hausarzt. Beides ist unschwer diagnostizierbar. Und nun? Der Arzt verschreibt ein Blutdruckmedikament und ein Antidiabetikum, da eine Insulintherapie bei wenig ausgeprägtem Diabetes noch nicht notwendig erscheint. Im Idealfall geht Person X nach Hause, die Medikamente wirken und wenn sie nicht gestorben ist, dann lebt sie … Stopp!

Warum beschäftigt sich niemand mit den Ursachen dieser Beschwerden? Woher rühren sie? Die beiden Hau-drauf-Argumente lauten: ist bedauerlicherweise Veranlagung oder ebenso bedauerlicherweise Schicksal, sprich, vom Himmel gefallen. Was der Arzt festgestellt hat, sind typische Volkskrankheiten. Bei Volkskrankheiten liegt immer der Verdacht nahe, dass es sich um Zivilisationsschäden handelt. Zivilisationsschäden werden in erster Linie durch unseren Lebensstil verursacht.

Die Checkliste:

- Wenn es sich um Veranlagung, also genetische Faktoren, handelt, können diese, wie an meinem Beispiel zu sehen, überprüft werden. Zumindest aber lässt sich die Familiengeschichte erfragen, wenn man diese Genomanalyse nicht machen will: Gab oder gibt es in der Familie bereits ähnliche Fälle?
- Wie gestaltet sich die Ernährung: zu viel Zucker, Salz, leere Kohlenhydrate, gesättigte Fette und Transfette?
- Besteht ein Mangel an körperlicher Aktivität?
- Raucht der Patient?
- Ist zu hoher Alkoholkonsum zu vermuten?
- Liegt Adipositas vor?
- Ist Person X besonderem Stress ausgesetzt?
- Welche Medikamente, die den Blutdruck erhöhen könnten, werden eingenommen?
- Schließlich ist auch das Alter in Betracht zu ziehen.

Auf solchen Wegen beginnt der Arzt, die individuellen Ursachen herauszuarbeiten. Die Therapie umfasst nicht nur eine medikamentöse Intervention, wo sie nötig ist, sondern auch Handreichungen, wie ein womöglich ruinöser Lebensstil verändert werden kann. Wichtig ist, dass nicht nur Symptome, sondern das Ganze therapiert wird.

Natürlich hat kein Arzt Handhabe, einen Patienten zur Umkehr zu zwingen, aber schon die Art der Behandlung könnte ein Bewusstsein dafür schaffen, dass es mit dem Einwerfen von ein paar Pillen nicht getan ist. Positiv gewendet lässt sich festhalten, dass eine ganzheitliche Medizin nie ohne die Beteiligung des Patienten funktionieren kann. Ursachenforschung ärztlicherseits ist nur wirksam, wenn sie durch entsprechende Einsicht des Patienten unterstützt wird. Unser Gehirn und der darin wohnende Wille gehören ebenso zu unserer

Ausstattung wie alles andere auch. Das gilt desgleichen für einen wesentlichen Bereich des ärztlichen Handelns, nämlich Prävention in die Wege zu leiten.

Sieh an, nun tritt er in einer ganz neuen Rolle auf! Er doktert nicht nur an sich selbst herum, sondern gerne auch an anderen. Hadi, der Lehrer des Volkes! Ich gebe sofort zu, dass ich einen pädagogischen Impetus in mir habe, wäre Ihnen jedoch sehr verbunden, wenn Sie ihn in guter altgriechischer Manier „pädagogischen Eros" nennen würden. Das Verhalten meiner Mitmenschen beschäftigt mich. Ich erkläre daher gern, bisweilen doziere ich. Ich vertraue Ihnen deshalb an, wo mich dieser Impetus am stärksten überkommt, nämlich am Frühstücksbuffet großer Hotels.

Ein Gast hat für 20 Euro Frühstück dazugebucht und lässt seinen *All-I-can-eat*-Blick über das Angebot schweifen. Erst mal Rührei mit ordentlich Speck aufladen. Man kann auch noch mal nachnehmen, das Personal schaufelt schließlich fortlaufend Nachschub auf die Speisenwärmer. Dann folgen Brötchen mit Wurst und Käse, am besten doppelt belegt, um das Budget voll auszureizen. Hat man ja nicht alle Tage. Schuldbewusst werden ein, zwei Gläser Orangensaft getrunken, Santé! Vielleicht ein Gläschen Sekt dazwischen, wenn ihn das Haus aufgeboten hat, und dann noch zum Abschluss zwei Stück Kuchen. Da brodelt in mir dann doch der Drang, mir ein Mikrofon reichen zu lassen: „Alle mal herhören, bitte!" Ich habe solche Anwandlungen, aber ich gebe ihnen nicht nach. Ich lächle und mache den Buddha: 5,5 Sekunden ein- und 5,5 Sekunden ausatmen. Dann ist nichts mehr um mich als lizenzfreie Lounge-Musik, zwei bis drei Eier und mein Hüttenkäse.

Beweisen Sie in *All-you-can-eat*-Situationen moralische Stärke. Essen und trinken Sie nur so viel und so lange Sie hungrig und durstig sind. Greifen Sie dabei ausschließlich zu Ihnen bekömmlichen Nahrungsmitteln. Wenn Ihnen das gelingt, kann man Ihnen bedenkenlos jedes Gesundheitszertifikat ausstellen: Sie sind ein Held! Wenn Sie noch eins draufsetzen wollen, folgen Sie Konfuzius und hören Sie auf zu essen, kurz bevor Sie vollständig satt sind. Die Tugend der Mäßigung ist immer hoch zu schätzen, der Sinn dieser Maßnahme ist aber vor allem ein physiologischer, denn unser Magen registriert erst mit etwa 15 Minuten Verspätung, ob er sein Fassungsvermögen erreicht hat.

Zurück zu unserem Arzt! Damit wir uns richtig verstehen: Wenn jemand mit Herzinfarkt oder Schlaganfall eingeliefert wird, muss unverzüglich gehandelt werden. Jede Minute ist kostbar, oft sogar lebensrettend. Dass der Notfallmediziner einen solchen Patienten nicht zuerst nach der Menge der konsumierten Haferflocken fragt, versteht sich. Und natürlich gibt es auch Krankheiten, die schicksalhaft an einen Menschen kommen. Kinder beispielsweise können frühzeitig an Krebs erkranken. Sie hatten noch nicht viel Gelegenheit, in ihrem Lebensstil Fehler zu machen. Hier liegt mit großer Wahrscheinlichkeit eine Störung in der Genetik oder Epigenetik vor, gegen die nur mit stärksten Mitteln vorgegangen werden kann. Entartete Zellen teilen sich ebenso schnell wie gesunde, der Krebs hört nicht auf zu wachsen. Eine Genschere, um solche Schäden zu reparieren, ist leider noch in weiter Ferne. Bei Blut- und Lymphdrüsenkrebs hat man allerdings schon schöne Erfolge mit einer innovativen Immuntherapie erzielt. Bei der sogenannten Car-T-Zell-Therapie wird versucht, das Immunsystem wieder umzuprogrammieren, sodass die Abwehr wieder gegen Tumorzellen mobilisiert wird.

Vielfach ist der Arzt mit Schäden konfrontiert, die dem Patienten durch einen strapaziösen Lebensstil aufgezwungen wurden oder werden. Schichtarbeiter beispielsweise sind erheblichen Belastungen ausgesetzt. Dieses Problem lässt sich nicht beheben, aus meiner Zeit als Klinikarzt weiß ich das. Hier helfen nur ausreichende Erholungsphasen und alles, was den Schlaf unter diesen Umständen fördert: Rituale, eine heiße Dusche, eine Schlafmaske oder ein abgedunkeltes Schlafzimmer, Ohrenstöpsel. Manche reagieren auch positiv auf Nahrungsergänzungsmittel, die die Entspannung unterstützen, beispielsweise auf Magnesiumkomplexe oder auf Apigenin, ein natürliches Polyphenol, das aus der Kamille gewonnen wird.

Ich habe früher viele Nachtdienste gemacht. Nach durchgearbeiteter Nacht bin ich oft erschlagen ins Bett gefallen und schnell eingeschlafen. Der Rest des Tages war dann der Erholung gewidmet, da ich am nächsten Tag wieder früh in der Klinik sein musste. Ich konnte jedoch feststellen, dass ich nach etwas Bewegung, wie beispielsweise mit dem Fahrrad nach Hause zu fahren, tiefer geschlafen habe und besser wiederhergestellt war.

Als Risikofaktor abstellen lässt sich jedoch die Feinstaubbelastung, beispielsweise durch hohen Schadstoffausstoß an viel befahrenen Ausfallstraßen. Sie löst Entzündungen aus. Schlechte Wohnlagen an solchen Straßen müssen die in Kauf nehmen, die sich kein anderes Quartier leisten können. Bei sozialen Missständen enden die Eingriffsmöglichkeiten des Arztes, in solchen Fällen kann man nur warnen und mahnen. Hier tätig zu werden, ist eine politische Aufgabe.

Das Schöne an diesem ganzheitlichen Ansatz (Physiker würden sagen: das Elegante) ist, dass ebenso wie die Schädigung eines Teilsystems andere Teilsysteme beeinträchtigt und eine Kettenreaktion auslöst, der Prozess auch in die andere Richtung funktioniert. Positive Impulse strahlen auch in andere Systeme aus, die Guten rappeln sich auf und nehmen den Kampf gegen das Schädliche erneut auf. Wenn Sie jetzt an *Krieg der Sterne* denken möchten, tun Sie das, diese Vorstellung hilft zumindest! Weil die Guten siegen …

Aus Hadis Recherchen

Wer in einem Adressregister nach Vertretern der funktionellen Medizin sucht, geht mit ziemlicher Sicherheit fehl. In Deutschland läuft unter dieser Bezeichnung vielfach die Therapie unseres Bewegungsapparates. Zwei profilierte Vertreter habe ich Ihnen bereits vorgestellt (siehe Seite 13 u. 22): Mark Hyman und Peter Attia. Wer sich mit dem Thema beschäftigt, muss in Rechnung stellen, dass diese neue Richtung sehr amerikanisch daherkommt: zugespitzt, in manchen Äußerungen auch übertrieben und oft auch leider sehr monokausal. Der Hebel der funktionellen Medizin ist in erster Linie

Bewegung und Ernährung. Ich stelle Ihnen hier noch einmal einen Vortrag von Mark Hyman vor, der mit Ernährung zu tun hat.[61] Ich schätze seine Ausführungen sehr, übel nehme ich ihm jedoch, dass er in der Mitte des zu Anfang erwähnten Buches (siehe Seite 13) ein Abonnement bei seiner Gesundheitsfirma für mehrere Tausend Dollar anbietet. Das ist dreist, schmälert aber nicht den Wert seiner Ausführungen.

Der TED Talk ist nur auf Englisch verfügbar, ich habe daher einige Passagen übersetzt: „Essen hat die Kraft, zu heilen oder zu töten."

„Die meisten von uns glauben, dass es nur eine persönliche Entscheidung ist, was wir essen, dass es an schlechten Gewohnheiten oder mangelnder Willenskraft liegt, wenn man krank und dick ist, und dass es gewissermaßen deine Schuld ist, dass du dick und krank bist. Das sagen uns die Regierung und die Lebensmittelindustrie. Es geht um Mäßigung, um mehr Bewegung, um Eigenverantwortung. Es gibt keine guten und schlechten Kalorien. Aber was wäre, wenn ich Ihnen einen großen Schluck gäbe, der 46 Teelöffel Zucker enthält, oder 21 Tassen Brokkoli, die 35 Gramm Ballaststoffe enthalten – die gleichen Kalorien – würden sie bei Ihnen die gleiche Wirkung haben? Nein, sie verändern Ihre Hormone, Ihre Gehirnchemie, Ihren Stoffwechsel."

„Wissen Sie, wir betreiben Lebensmittelmarketing für Kinder, bei dem sie jedes Jahr 6.000 Werbespots für Junkfood im Fernsehen sehen. Es läuft uneingeschränkt und wahrscheinlich noch viel mehr in den sozialen Medien. Wir wissen, dass ein durchschnittlicher Zweijähriger in ein Lebensmittelgeschäft gehen und Markenprodukte benennen kann, bevor er laufen oder sprechen kann. Und wir haben Ernährungsrichtlinien, die so verwirrend sind, weil sie durch den Einfluss der Lebensmittelindustrie und durch die Missachtung

61 Mark Hyman: What you do with your fork impacts everything. TED-Talk, Juni 2018. www.ted.com/talks/mark_hyman_what_you_do_with_your_fork_impacts_everything/transcript (abgerufen am 29.04.2024).

großer Mengen relevanter wissenschaftlicher Erkenntnisse verfälscht werden. Und das geht aus einem Bericht der National Academy of Sciences hervor. Es ist also klar, dass diese Richtlinien uns nicht dienen, oder?“

Trost

Ich weiß, dass ich Ihnen viel zugemutet habe. Vielleicht versöhnt es Sie ein wenig, wenn Sie sich daran erinnern, dass ich alles, was ich Ihnen angetragen habe, auch selbst versucht habe. Natürlich ist mein Weg nicht verbindlich für andere, man hat viel zu viel Anlass, zum Falschen zu greifen, die Verführung ist oft einfach zu stark. Schlussendlich auch die Verwirrung. Vielleicht haben Sie keine Lust, sich mit so vielen Apparaten zu umgeben wie ich. Zugegeben, manchmal habe ich mich selbst gefragt, ob ich nur eine Erscheinung verwirrter Zeiten bin?

Das wäre zweifellos der Fall, wenn ich ex cathedra Ratschläge erteilen wollte, von deren fester Gültigkeit ich überzeugt wäre. Aber es gibt nun einmal keinen allgemeingültigen, richtigen Weg, jeder muss sich selbst, seinen Voraussetzungen und Anlagen entsprechend, eine Schneise durch den Dschungel der Empfehlungen schlagen. Allerdings kenne ich ein paar Anstöße, an die ich mich immer zu halten versuche. Diese kann ich uneingeschränkt empfehlen:

- Lassen Sie sich in Ihren Bemühungen um Gesundheit nicht fremdbestimmen. Es darf nie darum gehen, sich für ein oktroyiertes Schönheitsideal zu quälen!

Aus Hadis Recherchen

Diese Studie[62] ist ein Lichtblick für alle, die mit sich und ihrer Figur hadern. Ich übersetze zunächst, damit Sie das Original vor Augen haben, und erkläre dann:

„Die Studienstichprobe umfasste 554.332 Erwachsene (Durchschnittsalter 46 Jahre) (...). Ältere Erwachsene zeigten keinen signifikanten Anstieg der Sterblichkeit zwischen einem BMI von 22,5 und 34,9, während sich dieser fehlende Anstieg bei jüngeren Erwachsenen auf den BMI-Bereich von 22,5 bis 27,4 beschränkte."

Man muss solche Studien lesen und verstehen können. Die *Süddeutsche Zeitung* hat dies getan:[63] „Ärzte und Forscher der Rutgers University belegen im Wissenschaftsmagazin Plos One, dass Erwachsene mit einem Body Mass Index (BMI) zwischen 25 und 27,4 – das entspricht leichtem Übergewicht – ein um fünf Prozent geringeres Sterblichkeitsrisiko als Menschen mit dem als Normal- oder sogar Idealgewicht bezeichneten BMI zwischen 22,5 und 24,9 haben. Wer einen BMI zwischen 27,5 und 29,9 und damit mittleres Übergewicht zu bieten hat, kann sogar mit einem um sieben Prozent geringeren Sterblichkeitsrisiko rechnen. Erst ab einem BMI von 30, der Grenze zur Adipositas, Fettleibigkeit, steigt demnach das Sterblichkeitsrisiko wieder und erhöht sich mit zunehmendem BMI immer deutlicher um 20 bis 108 Prozent. (...) Die einfache Zweiteilung in dick und ungesund versus schlank und gesund wäre demnach irreführend. Viele leicht oder mittelgradig Übergewichtige müssten sich aus medizinischer Sicht keine Sorgen machen. Vielleicht hilft diese Entwarnung, sich darüber klar zu werden, ob mit der nächsten Diät einem Schönheitsideal nachgeeifert wird oder

---

62 Aayush Visaria, Soko Setoguchi: Body mass index and all-cause mortality in a 21st century U.S. population: A National Health Interview Survey analysis. In: Plos One, 05.07.2023, journals.plos.org/plosone/article?id=10.1371/journal.pone.0287218 (abgerufen am 30.04.2024).

63 Werner Bartens: Auf die paar Kilos kommt es nicht an. In: Süddeutsche Zeitung, 12.07.2023. www.sueddeutsche.de/projekte/artikel/wissen/medizin-gesundheit-uebergewicht-diaet-normalgewicht-bmi-fettleibigkeit-e161566/ (abgerufen am 29.04.2024).

andere Motive dahinterstecken, schließlich ist der gesundheitliche Nutzen für viele Menschen eher klein."

Das klingt ziemlich gut und kann Ihnen aus einer figürlich verursachten Depression helfen, nicht wahr?

- Wer sich auf den Weg zu einem gesünderen Leben macht, sollte dies in einer positiv gestimmten Gemütsverfassung tun. Es zählen nicht nur Resultate, allein schon das Bemühen sollte Freude bereiten können. Der Impuls dazu kann wie bei mir ein äußerer sein, entscheidend ist dann, wie er weiterverarbeitet und umgeformt wird. Erst durch Einsicht macht man sich einen Lebensstil zu eigen, der dem Wunsch nach einem gesunden Leben entspringt.

Unser Gesundheitszustand lässt sich sicher mit den Mitteln der Medizin objektivieren. Das vertrete ich mit meinem Drang, alles in Zahlen vor mir zu haben, ganz vehement. Allerdings ist durch diese Zahlen noch nichts darüber ausgesagt, ob ich mich wohlbefinde.

- Wohlbefinden meint, die physische Gesundheit mit einer eben solchen psychischen Verfassung in Einklang zu bringen: Ich fühle mich wohl, mir geht es gut!

Aus Hadis Bibliothek

Rudi Westendorp: Alt werden, ohne alt zu sein. C. H. Beck 2021.

Ein letztes Buch zum Thema Altern aus meiner Bibliothek möchte ich Ihnen noch vorstellen. Westendorp ist Arzt und Professor für Medizin an der Universität Kopenhagen sowie Gründungsdirektor der Leidener Akademie für Vitalität und Altern. Das Buch ist kein Ratgeber, sondern eine Zusammenschau der neuesten Entwicklungen in der Geriatrie mitsamt ihren Auswirkungen auf unsere Gesellschaft. Westendorp argumentiert nicht nur als Arzt, sondern erklärt biologisch und soziologisch. Er kommt zu einigen bemerkenswerten Auffassungen:

„Anschließend äußerte ich kühn, dass Altern vermeidbar und Sterben nicht in unserer DNA festgelegt sei und wir daher immer älter werden können." (S. 117)

„Die Idee einer genetisch determinierten Lebensdauer ist wissenschaftlich nicht bewiesen. Es gibt kein evolutionäres Programm für das Altern, kein Programm für den Tod. Übereinstimmend damit lässt sich beobachten, dass die durchschnittliche Lebensdauer und das Höchststerbealter ständig steigen." (S. 189)

„Unter Gesundheit verstanden die meisten Teilnehmer (scil. der Leidener 85-plus-Studie) den Erhalt einer Reihe von Grundfähigkeiten wie Sehen, Hören und Gehen sowie das Ausbleiben lebensbedrohlicher Krankheiten wie Krebs. Als Selbstverständlichkeit sahen sie es an, sich im Alter den körperlichen Veränderungen anzupassen – etwa durch Verlangsamung ihres Tempos. Selbst wenn sie in ihrer Leistungsfähigkeit eingeschränkt waren, *ermöglichte ihnen die Akzeptanz ihrer Situation, sich weiterhin wohlzufühlen.*" (S. 197) (Hervorhebung von mir, Anm.)

Um diesen letzten Punkt ist es mir zu tun: Wir können uns auch dann wohlfühlen, wenn wir mit körperlichen Einschränkungen oder vermeintlichen Defiziten zu kämpfen haben. Das Entscheidende dabei ist, sich nicht an einem unerreichbaren Ideal auszurichten, sondern den Maßstab an und in sich selbst zu finden. Mit Messgeräten sollten Sie sich daher nur dann ausrüsten, wenn Sie sich in der Lage fühlen, die gewonnenen Daten für sich zu verarbeiten und produktiv einzusetzen. Ich erinnere mich an einen alten Onkel von mir, der stets behauptet hatte, es gehe ihm ausgezeichnet. Im Nachhinein weiß ich, dass die Daten dagegengesprochen hätten. Er wollte sie nicht zur Kenntnis nehmen, solange er sich in der Lage sah, seinem Gefühl des Wohlbefindens zu folgen. Daten schaffen Vergleichbarkeit, kaum einer kann sich dem entziehen.

Aus Hadis Bibliothek

Robert Gernhardt: Gesammelte Gedichte. S. Fischer 2005.

Gernhardt ist witzig. Er verbindet in seinen Gedichten genaue Beobachtungsgabe und Kunstfertigkeit mit einem unbändigen Witz. Lesen Sie Gernhardt, wenn Sie den Gesundheits-Blues haben! Gestatten Sie mir zur Unerreichbarkeit von Idealen dieses Gedicht:

Immer

Immer einer behender als du
Du kriechst – Er geht
Du gehst – Er läuft
Du läufst – Er fliegt:
Einer immer noch behender.

Immer einer begabter als du
Du liest – Er lernt
Du lernst – Er forscht
Du forschst – Er findet:
Einer immer noch begabter.

Immer einer berühmter als du
Du stehst in der Zeitung – Er steht im Lexikon
Du stehst im Lexikon – Er steht in den Annalen
Du stehst in den Annalen – Er steht auf dem Sockel:
Einer immer noch berühmter.

Immer einer betuchter als du
Du wirst besprochen – Er wird gelesen
Du wirst gelesen – Er wird verschlungen
Du wirst geschätzt – Er wird gekauft:
Einer immer noch betuchter.

Immer einer beliebter als du
Du wirst gelobt – Er wird geliebt
Du wirst geehrt – Er wird verehrt
Dir liegt man zu Füßen – Ihn trägt man auf Händen:
Einer immer noch beliebter.

Immer einer besser als du
Du kränkelst – Er liegt danieder
Du stirbst – Er verscheidet
Du bist gerichtet – Er ist gerettet:
Einer immer noch besser.

Immer
Immer
Immer
(S. 426)

Über mich

Mein Name ist Hadi Saleh, von meiner Ausbildung her bin ich Arzt, genauer gesagt Orthopäde. Geboren bin ich zwar in Kairo, besonders prägend war meine Herkunft jedoch nicht, denn ich war gerade mal ein Jahr alt, als meine Eltern, mit einem akademischen Stipendium ausgestattet, nach Darmstadt gezogen sind, um dort in Elektrotechnik zu promovieren. Beide. Die Schulzeit habe ich nicht eigentlich verbummelt, aber es gab wenig, wofür ich mich wirklich interessieren konnte. Recht spät, erst in der elften Klasse, weckte ein Mathematiklehrer meinen Ehrgeiz, denn plötzlich fand ich seinetwegen die Naturwissenschaften sehr spannend. Sein Engagement war ansteckend und es ist ihm tatsächlich gelungen, einen Turbo in mir zu zünden. Ich bekam Spaß am Lernen und in der Folge auch gute Noten.

Trotzdem, eine klare Idee, wie meine weitere Ausbildung nach dem Abitur verlaufen sollte, hatte ich nicht. Wirtschaftsingenieurwesen zu studieren, tauchte als Möglichkeit auf. Das entwickelte sich damals in den 90er-Jahren zu einem gefragten Berufszweig: Man verbindet technisches Know-how mit ökonomischem Verstand. Aber wie schon öfter in meinem Leben waren es die ungeplanten Anstöße, die mich in eine andere Richtung geschoben haben. Da waren zuvorderst meine beiden Freunde, einer kam aus Litauen, der andere aus Chile, die sich beide für Medizin entschieden hatten und mich gern davon überzeugt hätten, denselben Weg einzuschlagen. Sich im freundschaftlichen Verbund in diesen unbekannten Ausbildungsbereich vorzuwagen, war zweifellos ein Argument. Entscheidend war dann aber der Zufall, ein unglückliches Ereignis, das mir unerwartet widerfahren ist.

Ich kann mich noch genau an diesen Sommerabend erinnern. Wir lebten damals in Darmstadt-Kranichstein in einer kleinen Hochhaussiedlung, wo Häuser von immerhin 14 Stockwerken standen. Ich kam abends nach Hause, es mag zwischen 21 und 22 Uhr gewesen sein. Vollständig dunkel war es noch nicht, es herrschte sommerliches Dämmerlicht. In einiger Distanz vor mir auf dem Pflaster bemerkte ich ein seltsam verkrümmtes Bündel, das sich beim Näherkommen rasch als das erwies, was ich befürchten musste: ein lebloser Körper. Weglaufen wollte ich nicht. Allerdings wagte ich mich nur noch langsam in dem Bewusstsein vorwärts, dass es meine Pflicht war, ihn genauer in Augenschein zu nehmen. Endlich stand ich davor. Tatsächlich ein Mensch. Der Mann war tot, dazu bedurfte es keiner genaueren Prüfung. Ich schaute nach oben, wahrscheinlich ein Selbstmörder, der sich aus dem Fenster gestürzt hatte. Natürlich hatte ich längst einen fliegenden Puls, redete mir aber ein, dass ich ruhig bleiben musste, um das Richtige zu tun. Die aufkommende Panik unterdrückte ich ebenso wie den Drang, um Hilfe zu rufen. Handys gab es damals noch nicht, also rannte ich zu meinen Eltern hinauf, stürmte in die Wohnung und bat sie, Polizei und Notarzt zu verständigen. Danach ging ich wieder hinunter an den Unglücksort. Kurz darauf traf die Rettungsmannschaft ein. Ich schilderte den Vorgang, gab meine Daten an, versicherte, nichts angefasst zu haben, und durfte bald danach wieder nach oben.

Angst hatte ich jede Menge gehabt, Albträume in der Folge jedoch keine. Bewundernswert fand ich die zielgerichtete Art, wie Arzt und Sanitäter den leblosen Körper untersucht und sich dann um den Toten bemüht hatten. Es ist gewiss nicht das Schlechteste, aus schlimmen Erlebnissen positive Folgerungen zu ziehen. Bald danach teilte ich meinen Freunden mit, dass ich in ihrem Studienfach nun auch mit an Bord wäre.

Später dann, in den Anatomiekursen des Medizinstudiums, bin ich gezielt an den Umgang mit Leichen herangeführt worden. Anfänglich wurden sie auf den Bauch gelegt, das half den Lernenden, denn das Gesicht macht den Menschen zu einer Persönlichkeit und lässt den Ungeübten vor einem Eingriff zurückschrecken. Der Körper ist bereits hart, weil die Leichenstarre eingesetzt hat, und man tastet sich bei der Untersuchung langsam vorwärts, mit ängstlicher Distanz zunächst, dann zunehmend routinierter, aber immer in dem Bewusstsein, dass ein Mensch vor einem liegt, dem Respekt entgegengebracht werden muss.

Für einen Arzt ist die Konfrontation mit dem Sterben unvermeidlich, er begegnet ihm physisch und bei all seinen Heilversuchen und Eingriffen ist der Tod als letzte Station gegenwärtig. Ein Arzt, der dem nicht ins Auge blicken kann, ist am falschen Platz. Wer Gesundheit will, muss sich mit Krankheit auseinandersetzen, und hinter ihr lauert stets der Tod. Diese Erfahrung prägt und sie hat selbstverständlich auch den Blick auf mich und meinen Körper verändert.

Die letzte Phase der medizinischen Ausbildung bildet das Praktische Jahr, bei dem die jungen Ärzte in der Klinik arbeiten und die Stationen Innere Medizin, Chirurgie und das spezielle Wahlfach durchlaufen. Ich habe mich, ohne zu zögern, für die Orthopädie entschieden. Der Orthopäde ist eine Art Ingenieur der Medizin, er widmet sich dem Handfesten, dem Bewegungsapparat, den Muskeln, Gelenken und Knochen. Und den Ingenieurberuf hatte ich ja bereits einmal ins Auge gefasst. Das Reizvolle an meinem Fach ist, dass sich das Wirken des Arztes direkt bemerkbar macht. Der innere Mediziner hingegen, um eine anders geartete ärztliche Vorgehensweise zu nennen, verordnet auf Basis seiner Diagnose Tabletten oder andere Arzneien im Kampf gegen die Krankheit. Logischerweise dauert es eine gewisse Zeit, bis sich eine Wirkung entfalten und festgestellt werden kann. Und dann vermischt sich der physiologische Effekt mit der gefühlten Befindlichkeit des Patienten. Kurz gesagt, wird nicht alles, was hilft, auch so wahrgenommen. Also passt der Arzt die Dosis oder das Medikament an. Während die Pharmakologie einen Gutteil der inneren Medizin ausmacht, ist die Orthopädie deutlich mehr Handwerk. Das gilt insbesondere für die orthopädische Chirurgie. Ich operiere, schneide etwas heraus, setze etwas ein und im günstigen Fall ist der Mensch dadurch geheilt. Unmittelbare Resultate zu erzielen, finde ich sehr befriedigend und hat schon immer meinem Naturell entsprochen.

Schwierigkeiten bei meiner Ausbildung sind nie aufgetaucht, das Lernen ist mir sehr leichtgefallen, weil ich von Anfang an das Gefühl hatte, am richtigen Platz zu sein. Ich studierte in Mainz und der Abschluss ist meinem Engagement entsprechend sehr gut ausgefallen. Den Arztberuf habe ich, das lässt sich ohne Übertreibung sagen, mit großer Hingabe ausgefüllt, ich hatte gern mit Menschen zu tun, ich wollte helfen und hatte großes Vertrauen in die medizinischen Techniken meines Fachs.

Schon in der letzten Phase meines Studiums habe ich parallel damit begonnen, meine Doktorarbeit anzufertigen. Es handelte sich um eine klinische Studie, mit der ich herausfinden wollte, wie sich unterschiedliche Intubationstechniken, das Einführen eines Schlauchs in die Luftröhre zur künstlichen Beatmung, auf das Kiefergelenk auswirken. Zwei Jahre habe ich daran gearbeitet, habe im Verlauf der Studie gut 200 Patienten vor und nach ihren Eingriffen untersucht – das war eine ziemlich aufwendige Sache.

So kam es, dass ich bereits mit 25 Jahren alle notwendigen Abschlüsse in der Tasche hatte und ein fertiger Arzt war. Danach bin ich ein Jahr lang in der Allgemein- und Unfallchirurgie in Wiesbaden beschäftigt gewesen. Allerdings konnte ich noch keine feste Stelle antreten, denn ich hatte den Kriegsdienst verweigert und musste Zivildienst ableisten. Natürlich lag es nahe, dafür in einem Krankenhaus zu arbeiten. Daher bin ich als Zivildienstleistender nach Heidelberg an die Orthopädische Universitätsklinik gegangen. Das entsprach mir durchaus, soweit Knochen, Gelenke und Muskeln zu flicken waren. Der Orthopäde arbeitet chirurgisch wie ein guter Mechaniker, setzt Platten, Schrauben, Nägel und künstliche Gelenke ein. Weichteil-Operationen, die ich in Wiesbaden begleiten durfte, wie solche an der Schilddrüse beispielsweise, gehörten nicht zu meinen bevorzugten Aufgaben. Man muss bei solchen Organen ungleich vorsichtiger und sensibler verfahren, um nicht die feinen Blutgefäße zu verletzen. Darmoperationen, die ins Fach gehören, waren zweifellos sehr interessant, aber auch nicht wirklich mein Metier. Beim Entfernen von Tumoren wird immer auch gesundes Gewebe mit herausgeschnitten, um sicherzustellen, dass das bösartige Gewebe auch vollständig entnommen ist. Dem jüngsten Arzt kommt anschließend die Aufgabe zu, den Darm aufzuschneiden, um zu überprüfen, ob der Tumor „im Gesunden“, also ränderfrei, reseziert werden konnte. Wer, wie ich, solche teils faustgroßen Tumoren mit eigenen Augen gesehen hat, für den beantwortet sich die Frage nach der Dringlichkeit von Darmspiegelungen, um Krebs frühzeitig behandeln zu können, von selbst.

Ich weiß schon, es gibt genug Ärzte, die rauchen und überhaupt keinen Wert auf einen gesunden Lebensstil legen, ich gehöre nicht dazu, weil ich die Lektionen, die ich an meinen Patienten studieren konnte, beherzige. Gerade für Heilberufe finde ich es angemessen, etwas zu verstehen, einzusehen und umzusetzen. Solch ein Prozess mag mit Verzögerung vonstattengehen, muss aber letztendlich Konsequenzen zeitigen. Wenn wir das von Kranken nicht einfordern könnten, wo stünden wir dann als Ärzte?

Ich bin heute noch stolz darauf, dass ich nach meiner Wiesbadener Zeit in Heidelberg angenommen wurde, weiter konnte man es damals nicht bringen. Eigentlich war ich auf dem besten Weg, die Facharztausbildung dort zu absolvieren, die Weichen schienen gestellt. Mein Zivildienst in Heidelberg war inzwischen beendet, blieb also nur die Frage, in welcher Position ich übernommen werden könnte. Auch

Forschungsprojekte hatte ich bereits initiiert, sie veröffentlicht und selbst die dafür nötigen Gelder eingeworben. Telepathologie war zu dieser Zeit ein unerhört spannendes Projekt, es ging darum, Präparate unter ein Mikroskop zu legen und sich mit einem Pathologen irgendwo in Deutschland, der über ein ähnliches Mikroskop und Datenleitungen verfügte, auszutauschen. Eine Fernanalyse wurde durchgeführt, die damals nur mit dem Zusammenschalten von drei ISDN-Leitungen bewerkstelligt werden konnte. Heute, wo wir große Internet-Bandbreiten schon bei uns zu Hause haben, wäre das ein alter Hut.

Durchaus zuversichtlich gestimmt, vereinbarte ich ein Gespräch mit dem zuständigen Chefarzt.

„Sie müssen noch mehr Chirurgie machen, Saleh!"

„Warum? Ich möchte Orthopäde werden. Mein Jahr in der Unfallchirurgie habe ich bereits hinter mir."

„Schauen Sie, Saleh, alle meine Assistenzärzte haben mindestens drei Jahre Chirurgie praktiziert."

Ich wusste aus dem Stand von drei Kollegen, bei denen das nicht der Fall war. Man wollte mich nicht loswerden, verordnete mir jedoch weitere Ehrenrunden. Mich beschlich das ungute Gefühl, dass da noch etwas anderes dahintersteckte. Schon als ich den Raum verließ, war mir klar, dass ich mich auf dieser Basis nicht arrangieren wollte. Ich war tief enttäuscht. Schließlich hatte ich den Olymp der Orthopädie erklommen und musste ihn nun wieder verlassen. Später erfuhr ich, dass der Kollege, der die mir in Aussicht gestellte Position bekam, mehr an Drittmitteln hatte einwerben können. Ich hatte mir nichts vorzuwerfen. Meine Bewertungen waren ausgezeichnet, ich hatte mich reingehängt und zusätzlich zu den üblichen 36-Stunden-Schichten noch Extra-Nachtdienste geschoben.

Natürlich brauchte ich einige Zeit, um die Enttäuschung zu verdauen. Ein Freund kam schließlich auf mich zu und meinte, ich sei doch ein smarter Typ, hätte etwas auf dem Kasten und würde daher gut in eine Unternehmensberatung passen. Nach einigen Fehlversuchen wurde ich schließlich zu Gesprächen eingeladen, bekam endlich auch Angebote und habe mich für eine sogenannte Boutique-Unternehmensberatung in Hamburg entschieden. Solche Firmen sind in aller Regel klein, auf einen Nischenmarkt ausgerichtet und daher hoch spezialisiert. Sie konzentrieren sich auf einige wenige Top-Kunden. Die Beratung, bei der ich andocken konnte, war auf den Gesundheitsmarkt ausgerichtet und somit eine logische Wahl.

Ich arbeitete mit zwei Ärzten zusammen und fühlte mich dort gut aufgehoben. Wir führten verschiedene Beratungsprojekte durch, für Medizinprodukte, für die pharmazeutische Industrie, für Versicherer oder Krankenkassen. Ein typisches Projekt aus dieser Zeit war die Konzeptionierung, Umsetzung und Erprobung eines Expertensystems für Rückenschmerzpatienten. Heute würde man das App nennen: Der Patient mit Rückenschmerzen bekam einen Online-Zugang, musste verschiedene Fragen zu sich und seinem Zustand beantworten und wurde über die hinterlegten, weit gefächerten Entscheidungsbäume zu Maßnahmen und Übungen geführt, die ihm helfen konnten, sein Leiden besser in den Griff zu bekommen. Die Übungen waren grafisch dargestellt und sehr einfach nachzumachen. Oft ging es ja um Rücken- oder Nackenschmerzen bei der Büroarbeit. Passende Übungen waren mühelos auszuführen, zum Beispiel isometrisches Training, um die Hals- und Nackenmuskulatur zu stärken. Oder Übungen, die im Sitzen absolviert werden konnten, beispielsweise die Schultern zu lockern. Das Programm wurde von verschiedenen Betriebskrankenkassen aufgenommen und verbreitet.

Das waren Projekte, die ich gern begleitet habe. Darüber hinaus wurden wir für die betriebliche Kommunikation angefragt, auch für Zulassungsarbeiten und klinische Studien von pharmazeutischen Unternehmen. Wir konnten Zulassungen von Medizinprodukten initiieren oder Marktanalysen für Start-ups durchführen und dabei Fragen klären, etwa ob das Produkt auch in anderen Ländern, die unter vollkommen verschiedenen Jurisdiktionen stehen, Chancen hätte. Ich habe viel gelernt, weil wir die gesamte Palette des Gesundheitswesens bedienten.

Merck, der große Pharmahersteller aus Darmstadt, gehörte ebenfalls zu meinen Kunden. Eines Tages kamen sie auf mich zu und fragten, ob ich nicht direkt für sie arbeiten wolle, man habe registriert, dass ich einen guten Job für sie mache. Diese Offerte kam nach gerade einmal zwei Jahren in der Unternehmensberatung. Um mich zu halten, boten mir meine Vorgesetzten an, als Partner einzusteigen, ich könne mich so selbstverantwortlich und längerfristig in das Geschäft einbringen. Nach einiger Überlegung entschied ich mich jedoch gegen diesen freundlichen Vorschlag und für Merck. Maßgeblich war weniger mein Wunsch, nach Darmstadt zurückzukehren, als vielmehr die Kontinuität meiner Aufgaben. Als Unternehmensberater bleibt man stets ein Springer, man arbeitet immer nur eine Zeit lang für ein Unternehmen, verlässt es danach wieder und erlebt nicht mehr mit, ob die Bemühungen Früchte getragen haben.

Die schwache Seite von Medizinern ist nicht selten das Betriebswirtschaftliche und genau damit durfte ich mich damals befassen. Noch als Berater habe ich einen Finance-Kurs absolviert und in diesem Rahmen viele praktische Übungen gemacht, was mein Verständnis für diese Materie geschärft hat. Später stellte sich heraus, wie hilfreich diese Expertise war, denn ohne sie wäre meine weitere Laufbahn nicht denkbar gewesen.

Bei Merck in Darmstadt wurde ich dem Biomaterialbereich zugeordnet. Die Thematik war wieder sehr orthopädienah und kam mir daher entgegen. Ich habe mich auf Anhieb gut zurechtgefunden. Aufgrund meiner medizinischen Expertise wusste ich, wo solche Produkte gebraucht wurden und wie ihr Einsatz plausibel zu machen ist. Das hat sich so deutlich in den Zahlen niedergeschlagen, dass ich damit auf den Radar des oberen Managements geriet.

2004 wurde der gesamte Biomaterialbereich von Merck von der Firma Biomet übernommen. Mit der Übernahme war ich Angestellter von Biomet. Bald wurde mir nahegelegt, in die Deutschlandzentrale nach Berlin zu wechseln. Dort sollte ich den Vertrieb von Wirbelsäulenimplantaten übernehmen. Auch dieses Thema war mir vertraut und ich konnte den ursprünglich kleinen Bereich, für den ich verantwortlich war, deutlich ausbauen. Aus ursprünglich zwei Mitarbeitern, die mich unterstützten, wurden acht.

Meine Kunden haben mir Glaubwürdigkeit zugebilligt, darauf ließ sich stets aufbauen. Ich bin Mediziner und konnte daher mit Kliniken und Ärzten auf Augenhöhe sprechen. Wenn nötig, bin ich selbst mit in den Operationssaal gegangen. Das habe ich auch früher schon bei den Biomaterialanwendungen gemacht. Mitzuhelfen, diese Materialien und Implantate richtig einzusetzen, wurde als großer Service erachtet und hat Vertrauen geschaffen.

Ich kann anderen nur das verkaufen, wovon ich selbst überzeugt bin. Ich tue das dann mit vollem Körpereinsatz. Dazu die folgende Geschichte: Wir hatten damals eine Entwicklung eingeführt, bei der Patientenblut zentrifugiert wurde, um daraus sogenanntes *Platelet Rich Plasma*, also blutplättchenreiches Plasma, zu gewinnen. Diese Eigenbluttherapie hilft, die Heilung von Verletzungen, Bändern, Muskeln und Gelenken zu beschleunigen. Um die Anwendung zu demonstrieren, haben wir ständig Blut gebraucht. Wenn sich kein Freiwilliger fand, habe ich mich selbst zur Verfügung gestellt. Das waren nicht mehr als 100 Milliliter jeweils, aber mehrfach am Tag durchgeführt, kam doch einiges zusammen. Ich habe mir gesagt, das bisschen Aderlass schadet mir nicht und hilft, das Blut zu verjüngen. Aber unsere Kunden waren natürlich schwer beeindruckt, mit welchem Aufwand ich mich für unser Produkt stark machte.

Mit solchen Biomaterialien hat sich ein vollkommen neuer Anwendungsbereich eröffnet. Das Besondere ist, dass sich diese Ersatzstoffe von selbst im Körper auflösen und durch natürliche Zellen ersetzt werden. Mich dafür einzusetzen, ist mir nicht schwergefallen. Natürlich haben viele meiner Kollegen eher die klinische Forschung vorgezogen, aber eine Entwicklung zu verkaufen, indem man praktisch zeigt, wie sie zu handhaben ist, das war meinem Gefühl nach näher an dem, was ich immer wollte: Kontakt zu Kollegen und Patienten und vor allem ärztliche Praxis. Ich denke deshalb gar nicht daran, meine Approbation aufzugeben.

Was ich damals komplett neu lernen musste, war, wie man ein Team leitet. Man kann sich vieles anlesen, aber entscheidend ist immer, dass man gerade da dieselben Werte beherzigt, die man auch sonst einem harmonischen Umgang mit Menschen zugrunde legt: Respekt, Bescheidenheit, Empathie und Liebe. Wichtig ist darüber hinaus, die richtige Mischung in einem Team zu finden. Die Mitarbeiter dürfen nicht uniform sein, denn es dient der Sache nicht, wenn alle gleich denken und handeln. Unabdingbar finde ich jedoch, dass sich alle denselben Werten verpflichtet fühlen und auf dieser Grundlage die Probleme angehen. Nach meinen Erfahrungen lässt sich damit immer eine gute Lösung erzielen.

Es gelang mir, auch die Wirbelsäulensparte gut fortzuentwickeln. Das wurde honoriert, indem mir die Verantwortung für das Marketing in Deutschland angeboten worden ist. Ich habe die neue Aufgabe angepackt und ein neuartiges Knieimplantat bei der Einführung begleitet, das sich gut durchsetzen konnte.

Dann aber kam ein erneuter Eigentümerwechsel. Es ist leider so: Der kleine Fisch wird vom nächstgrößeren und der vom großen gefressen. Vier große Private-Equity-Gesellschaften, Goldman Sachs, Texas Pacific Group (TPG), Blackstone sowie Kohlberg, Kravis und Roberts (KKR) schlossen sich zusammen und kauften Biomet. Unser Geschäftsführer wollte sich neu orientieren und nahm seinen Hut. Bei den neuen Eigentümern hatte er die Empfehlung hinterlegt, mich zu seinem Nachfolger zu ernennen.

Ich wurde mit einem Schubs eine Stufe nach oben befördert. Das ging so: Der damalige Europapräsident kam nach Berlin, rief mich in sein Büro und sagte, es werde gewünscht, dass ich meinem früheren Chef auf seinem Posten nachfolge. Ich hätte eine halbe Stunde Zeit, mir das zu überlegen, solle das aber gefälligst annehmen. Ich lief leicht verwirrt um den Block und rief meine Freundin an, die später meine Frau wurde. Im Gespräch mit ihr haben sich die Dinge schnell zurechtgerückt, ich habe mir einen Ruck gegeben, mir gesagt: „Warum eigentlich nicht?“ und war kurz darauf fest entschlossen, das Angebot anzunehmen. Nach Ablauf der gesetzten Frist stand ich mit meiner Zusage erneut im Büro des Europapräsidenten. Damit war ich Geschäftsführer der Biomet Deutschland GmbH.

Ich konnte den anstehenden Aufgaben gerecht werden, sodass mir im Folgenden zusätzlich die Verantwortung für weitere Länder übertragen wurde. Ein ziemliches Paket, das ich nur schultern konnte, weil ich wichtige Aufgaben delegiert habe. Das ganze Geheimnis war, dass ich mir Hilfe holte und es mir gelang, ein reibungslos funktionierendes, verlässliches Team aufzubauen. Wir konnten erfüllen, was wir versprochen hatten.

2011, vier Jahre später, kam schließlich der Ruf nach Warsaw, Indiana, ins Hauptquartier unserer Firma. Dieser Ruf kam zur Unzeit: Eben war unser Haus in Kleinmachnow bei Berlin fertiggestellt worden. Ich hatte inzwischen geheiratet und war Vater von drei Kindern. Ich sagte sofort ab. Das war jedoch nicht das Ende der Geschichte, denn die Firmenleitung wollte sich nicht damit abfinden und bearbeitete mich in der Folge wochenlang. Mit meiner Frau blieb ich in ständigen intensiven Diskussionen und sie war es, die mir zuriet. Es sei eine einmalige Chance und sie wolle mir nicht im Weg stehen. Sie habe das Gefühl, dass ich das eigentlich annehmen müsse, vermutlich auch wolle, selbst wenn wir hier ein Haus gebaut hatten und uns wohlfühlten.

Was war das für eine Position? Der Titel war hochtrabend – *President International* – und beinhaltete die Verantwortung über alle Märkte außerhalb der USA und Europa, also Kanada, Lateinamerika und Asien. Ein großes Team sollte mir beigestellt und eine Umsatzverantwortung von knapp einer Milliarde US-Dollar übertragen werden. Eine Weile lang argumentierte ich noch hinhaltend, dass ich in Deutschland doch eigentlich genau in der Mitte säße und von Warsaw genauso viel Zeit nach São Paulo benötigen würde wie von Berlin aus. Mein Gesprächspartner ließ sich nicht darauf ein, hier in Warsaw sei das Hauptquartier, hier würden die wichtigen Entscheidungen getroffen und dafür müsse ich vor Ort sein.

Wieder beriet ich mich mit meiner Frau und wir wurden uns einig, dass wir den Sprung wagen sollten.

2012 sind wir dann in die USA gezogen. Dort ein Haus zu finden, war schwierig. Zur Miete bekommt man nichts, man muss kaufen.

Zwei Häuser zu finanzieren, ging über unsere Möglichkeiten, also haben wir schweren Herzens das in Kleinmachnow abgegeben. Um noch, wie von Hildegard Knef gesungen, einen Koffer in Berlin beherbergen zu können, mieteten wir dort eine kleine Wohnung, wo wir auch die Gegenstände lassen konnten, die wir nicht in die USA mitnehmen wollten. Außerdem verschaffte es uns ein gutes Gefühl, jederzeit eine kleine Anlaufstelle in Deutschland zu haben. Wir waren dort gemeldet und sind so nicht vollständig aus dem System gefallen, was sehr hilfreich war, weil ja meine Aufgabe auf ein paar Jahre begrenzt bleiben sollte. Zweimal im Jahr durften wir nach Deutschland, was uns jedes Mal große Freude bereitete. Das stand so in meinem Vertrag und durch mein langes Zögern war die Bereitschaft da, mir mehr als üblich entgegenzukommen.

Bei aller Liebe: Wer aus Berlin kommt, für den ist Warsaw mit seinen knapp 16.000 Einwohnern ein Nest. Jeder Dritte ist für die dort ansässigen Orthopädiefirmen tätig. Es gibt viel Grün und den Lake Winona in der Nähe, ansonsten beschränkt sich Warsaw darauf *The Orthopedic Capital* zu sein, die Hauptstadt der Orthopädie. Verantwortlich dafür ist Revra DePuy (1860–1921), ein wendiger Handelsvertreter, der für die Behandlung von Knochenbrüchen die herkömmlichen Holz- durch Faserschienen ersetzt hatte. Bandagen und Orthesen haben DePuy groß gemacht. Diese Neuheit wurde in Warsaw hergestellt und in der Folge entwickelten sich aus diesem Nukleus weitere große Unternehmen für Orthopädietechnik. Justin Zimmer, ein Angestellter von DePuy, machte sich selbstständig und legte den Grundstein für eine Milliardengesellschaft. Vier Angestellte von Zimmer wiederum taten Ähnliches und gründeten Biomet. Ach ja, beinahe hätte ich es vergessen: Historisch verbrieft ist, dass sich 1934 John Dillinger mit seiner Bande beehrte, die örtliche Polizeistation zu überfallen. Dergleichen ist nicht wieder vorgekommen. Seither lebt Warsaw samt seinen drei Weltkonzernen in Frieden. Inzwischen sind es allerdings nur noch zwei, dazu gleich.

Unsere Gesellschafter hatten beschlossen, dass Biomet an die Börse gebracht werden solle. Wir machten Roadshows, traten dabei in

New York vor Analysten auf und präsentierten das Potenzial der Firma. Dann aber trat unser Mitbewerber, die Zimmer Holdings aus Warsaw, von der bereits die Rede war, auf den Plan und machte unseren Gesellschaftern ein Angebot, das sie nicht ausschlagen wollten. So kam es, dass 2015 aus beiden Unternehmen die Zimmer Biomet Holdings entstanden. Der Übernahmeprozess zog sich aufgrund von kartellrechtlichen Prüfungen und Bedenken über ein Jahr hin, dann war die Transaktion abgeschlossen. In diesem Jahr wurde intensiv daran gearbeitet, die beiden großen Teile zusammenzufügen. Allerdings war es für uns auch eine große Enttäuschung, denn wir wurden von einem Konkurrenten geschluckt, gegen den wir uns zuvor immer hatten positionieren müssen. Mir wurden neue, durchaus interessante Aufgaben angeboten, die allerdings bedeutet hätten, mich noch einmal örtlich zu verändern. Das wollte und durfte ich nicht, schließlich hatte meine Familie drei Jahre mit mir im Mittleren Westen ausgehalten. Meine Schwiegereltern litten darunter, dass der Kontakt zu ihrer Tochter und ihren Enkeln so schwierig geworden war. Meine Eltern waren ebenfalls unglücklich über diese Konstellation. Ich wollte wieder zurück nach Berlin, zumal ich mit der Kultur des anderen Unternehmens meine Probleme hatte.

Glücklicherweise wurde mir bald danach die Leitung der Medizintechnik-Sparte der *CeramTec* in Plochingen angeboten. *CeramTec* ist spezialisiert auf technische Keramik, die in künstlichen Hüften und Kniegelenken, Zahnimplantaten, industriellen Applikationen und vielem anderen ein unersetzliches Bauelement darstellt. Ich bin mit meiner Frau übereingekommen, trotzdem in Berlin wohnen zu bleiben, wir kennen die Stadt, haben dort unsere Freunde und im Übrigen, sagte sie, sei ich ja ohnehin ständig unterwegs. Ob ich in Plochingen oder in Berlin nicht zu Hause sei, spiele doch keine Rolle. Für die Kinder und sie mache das aber einen großen Unterschied. Ich glaube, wir haben damit eine gute Entscheidung getroffen.

Ich gebe zu, ich denke an die Medizin immer auch mit Wehmut wie an ein verlorenes Glück, denn sie ist meine Berufung, die anderen

Tätigkeiten sind mein Beruf. Aber gerade deshalb habe ich versucht, mein Arbeitsfeld so zu gestalten, dass es das Beste aus beiden Welten umfasst. Warum gerade Medizin? Vielleicht schweife ich ein wenig ab, aber es hilft ungemein, sich auszukennen, wenn medizinischer Rat notwendig ist, vor allem in der eigenen Familie. Und es macht glücklich. Kleine Kinder fallen ständig hin, holen sich eine Platzwunde und viele Erwachsene stehen ratlos da, weil sie kein Blut sehen können. Und da ist es ein Vorteil, wenn ich da bin und mit ruhiger Hand die Wunde säubern kann. Mein Sohn war sechs Jahre alt, kam mit einer Schere in der Hand angelaufen, ist gestürzt und hat sich die Schere mitten in die Stirn gehauen. Ein Laie hält so etwas schnell einmal für lebensbedrohlich, aber aus medizinischer Sicht war das nicht mehr als ein kleiner, sauberer Schnitt. Man hätte es nähen oder mit einem sterilen Wundstreifen versorgen können. Das war aber beides nicht zur Hand. So habe ich einfach ein Stück Tesafilm genommen und draufgeklebt. Die Wunde ist narbenlos verheilt, man sieht nichts. Allein dafür hat sich das Medizinstudium schon gelohnt.

Epilog

Mein Bemühen um Gesundheit gilt nicht nur meiner eigenen, sondern auch der von anderen. Seit 2015 bin ich, wie erwähnt, in der Geschäftsführung der *CeramTec* in Plochingen tätig. Das alteingesessene Unternehmen ist über 120 Jahre alt und verkörpert die klassischen schwäbischen Tugenden von Fleiß und Effektivität. Sie haben noch nie von diesem Unternehmen gehört? Kann passieren, denn es zählt zu den *Hidden Champions*, von denen Deutschland einige aufzuweisen hat. Wenn Sie den Wasserhahn öffnen oder beabsichtigen, Ihre Tante mit operiertem Schenkelhalsbruch zu Weihnachten im Krankenhaus zu besuchen, werden Ihnen mit großer Wahrscheinlichkeit zwei Anwendungsfälle aus der Hochleistungskeramik begegnen. In diesem Bereich sind wir Experten und ich fühle mich dort inzwischen zu Hause. Anfänglich war ich für das Medizintechnik-Geschäft zuständig und seit 2018 ist mir die Führung des Gesamtunternehmens mit über 3700 Mitarbeitern weltweit übertragen.

Das Thema Gesundheit liegt mir in jeder Beziehung am Herzen, da bin ich, wenn Sie mir diesen Vergleich gestatten, wie ein passionierter Weinhändler, von dem Sie erwarten dürfen, dass er Ihnen nicht nur gute Flaschen verkauft, sondern sie auch selbst zu genießen weiß. Deshalb ist der Plan, ein Buch dieser Art zu schreiben, bei *CeramTec* von Anfang an auf offene Ohren und Unterstützung gestoßen. Ohne diesen Rückhalt hätte ich es nicht gemacht.

Gesundheit ist das wertvollste Gut, das wir besitzen. Das ist nicht nur der Claim im Wertekatalog von *CeramTec*, sondern deckt sich mit meinem eigenen, ganz persönlichen Bemühen.

Über den Autor

Dr. med. Hadi Saleh ist Mediziner und lebt in Berlin. Er leitet als CEO die CeramTec in Plochingen, einen Hersteller von Hochleistungskeramik. Der heute 51-Jährige hat alle Höhen und Tiefen körperlicher Verfassung kennengelernt: Nach jugendlicher Fitness (Tennis, American Football) folgten neue Prioritäten durch Familie und Beruf, bis schließlich drei Jahre USA (inkl. Burger, Pizza, Cola, Schokolade) den Schlusspunkt setzten. Aus diesem Tief hat er sich herausgekämpft und ist heute wieder gesund und fit (Marathon in 3:31:01). Als Anhänger einer wissenschaftlich ausgerichteten Medizin orientiert er sich an Daten. Er glaubt nicht an Gesundheitsphilosophien, sondern nur an Wirkungen, die am eigenen Körper spür- und messbar sind. Durch praktische Erprobung ist Hadi Saleh ein wandelndes Kompendium der unterschiedlichen Wege zu Gesundheit und Wohlbefinden.

Aus Hadis Bibliothek

Wir bedanken uns für die Abdruckgenehmigungen bei folgenden Verlagen:

S. 9, 24:
Haruki Murakami, Wovon ich rede, wenn ich vom Laufen rede. Aus d. Japanicshen v. Ursula Gräfe © 2008 für die deutsche Ausgabe: DuMont Buchverlag, Köln, S. 17, 43, 50, 53
S. 37:
David Sinclair, Lifespan. Why We Age – and Why We Don't Have To, Atria
S. 38:
Peter Spork, Der zweite Code, © 2009 Rowohlt Verlag, Hamburg
S. 42:
Elisabeth Blackburn/Elissa Epel, Die Entschlüsselung des Alterns. Der Telomer-Effekt © 2017 Mosaik Verlag, München, in der Penguin Random House Verlagsgruppe GmbH, Übersetzung: Thorsten Schmidt
S. 73:
Ingo Froböse, Die Gesundheitsformel der 100-Jährigen, ZS Verlag
S. 74, 75:
Bas Kast, Der Ernährungskompass. Das Fazit aller wissenschaftlichen Studien zum Thema Ernährung Mit den 12 wichtigsten Regeln der gesunden Ernährung © 2018 C.Bertelsmann Verlag, München, in der Penguin Random House Verlagsgruppe GmbH
S. 102:
Richard Friebe, Hormesis. Das Prinzip der Widerstandskraft, Carl Hanser Verlag, 2016
S. 109, 110:
James Nestor, Breath – Atem. Neues Wissen über die vergessene Kunst des Atmens, Piper Verlag
S. 116, 117:
Matthew Walker, Das große Buch vom Schlaf. Die enorme Bedeutung des Schlafs Beste Vorbeugung gegen Alzheimer, Krebs, Herzinfarkt und vieles mehr © 2018 Wilhelm Goldmann Verlag, München, in der Penguin Random House Verlagsgruppe GmbH, Übersetzung: Annika Tschöpe
S. 125:
Hans Franke, Auf den Spuren der Langlebigkeit, Schattauer Verlag
S. 133, 134:
Rudi Westendorp, Alt werden, ohne alt zu sein, Verlag C. H. Beck
S. 134, 135, 136:
Robert Gernhardt, Gesammelte Gedichte, © 2005 S. FISCHER Verlag, Frankurt a. Main